走向数字文明 丛书

数字时代的量子组织

Web3.0赋能管理变革

马小峰 何伟 著

Quantum
Organization
in the Digital Age

本书是一部融合前沿管理理念与数字技术的实践指南。作者基于对企业转型的困惑，从量子力学中汲取创新灵感，将"量子管理"与区块链技术结合，为组织变革提供全新解法。在数字技术加速迭代的当下，传统管理模式难以为继，本书通过晨星、海尔等企业案例揭示：量子思维倡导的"自我管理"与"共同繁荣"理念，能有效应对技术变革带来的不确定性。作者创新性提出链群合约组织模型，结合 Web3.0 技术的去中心化、分布式协作特征，构建适应数字经济的管理范式。书中深入剖析以太坊等标杆案例，并解读上海数交所、中远海运等企业的本土化实践，展现量子管理在组织架构、商业生态中的实践路径。全书不仅剖析管理哲学，更呈现从理论到工具的完整实践方案，助力企业在数字时代实现组织革新与可持续发展，为企业主、管理者及创新者提供破局思考与行动指南。

图书在版编目（CIP）数据

数字时代的量子组织：Web3.0赋能管理变革 / 马小峰，何伟著. -- 北京：机械工业出版社，2025. 8. （走向数字文明丛书）. -- ISBN 978-7-111-78853-9

Ⅰ. F272

中国国家版本馆CIP数据核字第2025N31W95号

机械工业出版社（北京市百庄大街22号　邮政编码100037）
策划编辑：李新妞　　　　　责任编辑：李新妞　王华庆
责任校对：潘　蕊　张亚楠　责任印制：常天培
北京联兴盛业印刷股份有限公司印刷
2025年8月第1版第1次印刷
170mm×230mm・14印张・1插页・169千字
标准书号：ISBN 978-7-111-78853-9
定价：89.00元

电话服务　　　　　　　　网络服务
客服电话：010-88361066　机　工　官　网：www.cmpbook.com
　　　　　010-88379833　机　工　官　博：weibo.com/cmp1952
　　　　　010-68326294　金　书　网：www.golden-book.com
封底无防伪标均为盗版　　机工教育服务网：www.cmpedu.com

作者简介

马小峰

荷兰莱顿大学技术管理博士，担任同济大学大数据与网络安全研究中心常务副主任及博士生导师、上海区块链技术研究中心主任、上海市区块链专家委员会委员、中国电子学会区块链分会副主任委员、全国证券技术标准委员会专家委员、教育部电子信息职业教学指导委员会委员、中国数字经济百人会执行委员、中国数据资产管理50＋论坛创始成员、电子商务与电子支付国家工程研究中心特聘专家。曾担任江苏省"大数据＋"产业链首席专家、东航集团信息化主任专家委员、央行数字货币研究所金融区块链专家委员、上海经信委和交通委区块链专家、云南省马小峰专家工作站负责人。主笔《国家职业技术技能标准 区块链工程技术人员》（GZB：2-02-10-15），主编全国专业技术人员新职业培训教程《区块链工程技术人员》、"十四五"国家重点出版物出版规划项目《块进一步——区块链素养提升课》、中国科协新一代信息技术系列丛书之一《区块链导论》。

担任国家重点研发计划项目"基于区块链的区域性股权市场可靠监管技术研究"课题负责人，国家自然科学基金重大研发计划"大数据情境下的国家级信用平台及金融信用创新应用研究——长三角征信链创新示范应用与实践"课题负责人。作为核心成员参加了央行"智能化金融科技监管工具"和中国工程院"我国智能化金融科技监管发展战略研究"等重大金融科技研究课题。牵头"上海区块链应用的突破口研究""苏州市金融科技产业规划"等产业咨询项目，并担任中国工程院重大战略咨询研究项目"山西省区块链产业规划与布局战略研究"课题负责人和中国工程院重点战略咨询项目"金融科技赋能云南省面向RCEP跨境贸易战略研究"课题负责人。

先后给司法部、商务部、交通运输部、江苏省政府、中国浦东干部学院、上海市政府办公厅、上海市经信委、上海市司法局、上海市交通委员会、江苏省网信办、上海市徐汇区政府、上海市金山区政府等领导干部授课。

何 伟

企业数字化管理和量子组织转型顾问。法国蒙彼利埃大学可持续发展管理博士在读，上海财经大学金融MBA，上海外国语大学对外汉语本科学历（同时拥有华东理工大学商务管理本科学历、上海理工大学计算机科学与技术本科学历），具备多专业复合知识结构。具有十余年企业数字化管理和人才战略落地实践经验，国家高级人力资源管理师，国际ITS（信息技术专家认证）培训师。历任万和紫荆实业副总裁、绿地城建集团人力资源中心副总、外滩老建筑公司行政人事总监等中高层管理职务。2018年上海市优秀HR（人力资源）经理人，翻译著作《量子领导力：商业新意识》《卓有成效的招聘管理》。

推荐序一

未来已来，量子时代！

钱旭红　中国工程院院士、华东师范大学校长

2025年是联合国确立的量子科技年，由此可见，创新性、颠覆性的巨变将是这一年牵引发展的主要特征，更是源自中国的创新浪潮扑向世界的崭新元年。在技术越来越深入影响甚至主导产业、社会、文明、生态发展的今天，量子科技、人工智能、合成生物等领域对周边一切的广泛影响，我们不可能熟视无睹。

深刻的变革正在发生。人工智能的迅猛发展，使得知识的获取变得前所未有地便捷，传统的"知识就是力量"的观念已不再完全适用。在当今互联网时代，信息爆炸的同时，真伪难辨的知识不仅难以成为力量的源泉，甚至可能让人陷入迷茫、困惑与无助。面对这样的新时代困境，人类该如何突破？答案或许就在于思维的力量，现在已经进入了"思维才是力量"的时代，僵化的思维产生问题，多维的思维解决问题，超越的思维超越问题。未来，唯有具备多元化思维、超越性思维、批判性思维的人，才会不断迭代、自我进化、快速进步，创新的思维实践将成为推动个人成长与社会进步的核心动力。

要培养这样的思维能力，既需要我们从中国优秀传统文化中汲取智慧，更需要我们与时俱进，从科学的新发现、技术的新发明中寻找灵感。

我很高兴看到，作者在这本书中进行了大胆的尝试，试图从中国古典哲思与量子力学的交汇处，探索思维实践应用的新范式，以应对新时代的诸多挑战。这种跨界的思考方式，不仅体现了作者的创新精神，还为读者提供了一种全新的视角。

正如书中所言，我们快速经历了第一代和第二代互联网，如今正站在第三代互联网（Web3.0）技术的浪潮前沿。人工智能驾驭的互联网的影响远不止于让生活更加便利，它深刻地改变了人与人、人与社会的连接与互动方式，进而催生了全新的文化特征与社会现象：反传统秩序、挑战规则、非线性跃迁、自由多变与高度互动、瞬间闪现与消失、个性张扬、组织去中心化与扁平化……这些新特点，显然无法用传统的经典思维或线性逻辑来应对。

作者在书中提出，通过以量子思维驱动的"以人为本"的新商业价值观，结合 Web3.0 技术的支撑，可以解决现代商业与管理中的诸多困境。这一观点可以让陷入传统思维陷阱的人耳目一新。量子思维强调不确定性、关联性与整体性，这与 Web3.0 技术的去中心化、分布式特性不谋而合。事实上，当代的信息通信技术，乃至文明的主体或者基石主要源自、依赖或有求于量子科技，晶体管、芯片、计算机、网络、人工智能、量子计算、超导、激光等无不如此。此两者的融合，搭建起量子思维与其实践落地的桥梁，或许正是破解新时代难题的关键。

书中还通过大量的案例，展现了区块链等 Web3.0 技术在企业组织管理中的实践。尤其是对"以太坊"如何利用新技术实现团队自我组织、个体自我驱动、生态自行演化的深入剖析，令人印象深刻。链群合约组织的模式，或许在不久的将来会成为企业组织变革的重要方向。

诚然，管理是一门实践的科学。在量子时代/人工智能时代，中国的企业已经立于世界的前沿，因此在组织管理上的探索，必然不会像过去那样简单照搬国外经验，而会推陈出新、不断创新。作者在书中展示了国内企业的一些探索和实践案例与技术政策的现状，展现了其在这一领域的积累与创新。这种立足本土、放眼全球、引领未来的视角，无疑会为众多管理者提供极具参考价值的思考。

世界始终处于动态变化之中，挑战与机遇并存。只要我们保持思维的开放性、多样性与批判性、创造性，始终以创新的姿态包容变化、引领未来，就一定能在发展中找到解决问题的方案，一定会在过程中发现"自动涌现"的方案。这本书不仅是对新时代思维实践的探索，更是对未来组织管理的积极展望。希望读者能够从中获得启发，共同创造属于每个人的新时代。

推荐序二

面向未来的管理

王方华 上海交通大学校长特聘顾问、上海市管理科学学会理事长

2018年,我与同伴一同拜访了海尔的首席执行官张瑞敏。因为著名的管理思想家丹娜·左哈尔女士提出海尔推行的"人单合一"模式就是量子管理,所以我对此很有兴趣,想与张瑞敏当面聊聊这个话题。

在我看来,量子力学处于持续发展的进程中,其复杂程度远非牛顿经典力学可比,理解门槛较高。毕竟,量子力学所揭示的微观世界规律与我们日常认知的宏观世界大相径庭,诸如波粒二象性、量子叠加态、量子纠缠等现象,都极具颠覆性,对于非专业人士而言,理解起来颇有难度。而搞不懂量子力学,想要透彻理解量子管理无疑是困难重重。所以,那时我对海尔的管理模式能否像福特制、丰田制那样形成具有广泛影响力的管理模式"海尔制"向世界输出,心里是存有疑问的。

但管理学的发展需要秉持开放包容的态度,积极接纳新的理念和观点。2019年底,正值上海市管理科学学会成立40周年,我作为理事长担任了学会主办的上海管理科学论坛主席,并以"面向未来的管理"为主题,邀请丹娜·左哈尔女士在论坛上作了专题演讲,还与上海地区顶尖高校商学院的院长们同台交流。我期望通过这样的演讲和交流,能够进一步探索量子管理理论在管理学领域的应用与发展,为管理学的持续创新注入新的活力。

一直以来，我认为，要想将量子管理理论广泛传播，实现本土化研究至关重要。具体而言，有几个关键要素：其一，需要有一位学术带头人，凭借其深厚的学术造诣和影响力，引领量子管理理论的研究方向；其二，要出版一些相关书籍，系统地阐述量子管理理论及其应用；其三，发布一批高质量的学术论文，从不同角度深入剖析量子管理理论，为其发展提供坚实的学术支撑；其四，总结相关企业的管理实践案例，让理论在实践中得到检验和完善，不然就不能成为一个学派。令人欣喜的是，近年来国内对量子管理学派感兴趣的学者和企业家越来越多，相关研究与应用也正如预期般逐步推进。

除了丹娜早期的著作《量子领导者：商业思维和实践的革命》《量子与生活：重新认识自我、他人与世界的关系》《灵商》被翻译成中文外，她又相继推出了《人单合一：量子管理之道》《中国人的量子管理观》。与此同时，国内学者也积极投身于量子管理领域的研究，出版了一系列相关书籍，像山东大学辛杰的《量子管理》、中国人民大学彭剑锋的《量子组织》以及清华大学陈劲的《链群合约》等。这些书籍的内容逐渐从单纯的理念阐述向实践应用靠拢，这无疑是一个积极的发展趋势。如今，我很高兴看到了这本将量子思维和数字技术融合起来的书，它为企业提供了新时代可实践的组织变革方案。这本书在量子管理与企业数字化转型领域不仅具有重要的理论价值，更为我们展现了一条将前沿技术与创新管理思维深度融合的全新路径。

本书的一大突出亮点就是紧密贴合时代脉搏，深度挖掘量子思维与Web3.0技术在企业管理中的巨大潜力。当下，企业所处的商业环境已全面步入"乌卡"（VUCA）时代，在这样的环境下，传统管理模式在应对复杂多变的市场环境时，逐渐暴露出诸多局限性，显得力不从心。量子思维作为一种全新的世界观和思维方式，其强调的不确定性、整体性和关联性，恰好为企业突破发展困境提供了全新的视角。以不确定性为例，在传统管理中，企业往往追求确定性和稳定性，试图通过各种预测和规划来应对未来。然而，在"乌卡"时代，这种方式难以适应快速变化的市场。量子思维的不确定性、关联性、非线性则鼓励企业拥抱变化，构建整体观，注重非线性，将变化视为创新的机遇，培养企业的应变能力和创新能力。与此同时，Web3.0技术的兴起，为企业实现组织变革和管理创新提供了强有力的技术支撑。本书作者敏锐地捕捉到这一时代趋势，将量子思维与Web3.0技术有机结合，为企业数字化转型提供了一套具有前瞻性、系统化的解决方案，这种对时代趋势的精准把握和创新应用，值得称赞。

本书的另一大特色在于其跨学科的理论融合。作者从多个学科出发，深入剖析了量子思维在组织管理中产生的新作用；从物理学的量子力学基础出发，通过量子哲学与量子思维，延伸到管理学、社会学等领域。这种跨学科的研究方法可使读者对量子思维的理解更加全面和深入。尤其是在第二章里作者试图解答，为什么量子思维萌芽在西方社会却在东方文化氛围里日益引起重视。原来，"量子管理的本质就是中国管理哲学"（丹娜·左哈尔）。

本书还通过严谨的理论推导和丰富的实际案例，生动地展示了量子思维和Web3.0技术如何融合起来，重塑企业的组织架构、决策机制和文化氛围，帮助企业更好地应对市场的不确定性，激发员工的创造力与主动性。这些案例不仅生动呈现了理论在实际中的应用场景，还为读者提供了宝贵的启示与借鉴。无论是大型企业还是中小型企业，都可以从这些案例中找到适合自己的发展思路和方法，推动企业在数字智能时代的组织转型。

这是一部兼具理论深度与实践价值的书，不仅对量子思维的内涵进行了深入挖掘，还为企业管理者提供了利用数字工具进行组织变革的新思路。我相信，这本书的出版将对量子管理理论的发展和企业在数字智能时代进行组织转型产生积极的影响。衷心希望更多的企业管理者、学者以及对管理创新感兴趣的人士能够从中汲取智慧，共同推动管理领域理论与实践的创新与进步。

推荐序三

应对数智时代挑战的新思维

彭剑锋 中国人民大学教授、华夏基石管理咨询集团创始人

很高兴能受邀为《数字时代的量子组织：Web3.0 赋能管理变革》一书作序。在 2023 年我所著的《量子组织》一书中，我曾提出"只有将传统的牛顿思维转变为量子思维，将牛顿管理转变为量子管理，将牛顿组织转变为量子组织，才能突破现有的连续性发展瓶颈，实现个人、组织以及社会整体的真正进步与跃迁"。这一观点的背后，实际上涉及两个关键层面的探索：其一，量子思维的基本观会对现行商业的底层逻辑产生哪些改变，并引发怎样相应的多米诺效应；其二，是否存在一种新兴力量和颠覆性创新解决方案，能够支撑数字时代组织变革和进化的迫切需求。

当我细细研读本书之后，我深感作者以其独特的洞见和创造性思维，给出了一个令人兴奋的、探索性的完整答案。使得本书在量子管理与企业数字化转型领域极具启迪和应用价值，为我们呈现了一条融合前沿技术与创新管理思维的全新路径。

紧密贴合时代发展脉搏，深度挖掘量子思维与 Web3.0（第三代互联网）技术在企业管理中的巨大潜力，是这本书的一大亮点。数智化时代，企业面临的商业环境世界变得更加复杂、多变和高度不确定，传统思维难以解释和认知这个新时代，同时，经典管理范式与模式在万物互联、

虚实结合、跨界融合的新生态、新产业、新场景面前显得力不从心，难以应对。而基于量子理论的量子思维，为我们认知作为生态特例的人类社会打开了一扇天窗，量子的不确定性、量子态叠加、量子纠缠、量子波粒二相性、量子跃迁、量子整体不可分割等原理，将带来对人与未来、人与社会、人与组织、个体与群体、人与数智人、现实与虚拟、物质与精神关系的认知与思维的革命，认识日益不确定的、复杂的新世界，我们需要新一轮的烧脑，需要颠覆式的认知与思维的革命，需要走出连续性管理思维陷阱，以量子思维来引领管理思想与思维的创新与重构。本书作者敏锐地察觉到这一时代趋势，将量子思维与Web3.0技术有机融合，为企业数字化转型提供了全面且系统的创造性解决方案，这种前瞻性的研究视角和创新探索精神着实值得称赞。

书中运用国学、经济学、金融学等跨学科理论，对量子思维基本观在组织管理中的应用进行深入剖析，这是其另一大亮点。量子思维倡导的整体观，有助于企业打破部门之间的壁垒，实现资源的高效整合与协同；其不确定性特质鼓励企业积极拥抱变化，培养强大的创新能力和适应能力；而关联性则着重强调企业与员工、客户、合作伙伴等各相关方之间的紧密联系，进而构建起共生共荣的生态系统。作者通过大量严谨的理论推导和丰富的实际案例，生动形象地展示了量子思维如何重塑企业的组织架构、决策机制以及企业文化，助力企业更有效地应对市场的不确定性，充分激发员工的创新活力和主观能动性。这不仅极大地丰富了量子管理理论的内涵，更为企业管理者提供了具有实际操作价值的行动指南。

对技术在企业管理变革中的影响进行更深入的分析，是本书区别于其他管理书籍的又一个特色。在本书中，Web3.0技术得到了充分的阐释和应用。作者详细介绍了Web3.0技术的数据所有权回归、分布式自治组织兴起等核心特征，并深入探讨了这些技术如何为企业实现量子管理提供有力支持。借助 Web3.0 技术，企业能够建立更为公平、透明的管理机制，实现数据资产的价值最大化，同时提升组织的协同效率和创新能力。作者精心筛选了众多真实的企业案例，涵盖不同规模和行业，从多个角度展现了量子思维与 Web3.0 技术融合的实践成果和发展潜力。这些案例生动呈现了理论在实际应用中的具体场景，让读者能够直观感受到这种创新管理模式的优势和价值。无论是大型企业的战略转型与系统变革，还是中小企业的突破成长瓶颈与组织能力打造，都能从这些案例中获取启示与灵感。通过对这些案例的深度分析，读者可以更好地理解如何将书中的量子理论知识运用到实际工作中，切实解决企业面临的各种实际的新问题。

最后，本书在推动量子管理理论本土化方面做出了重要贡献。作者立足中国企业的本土实践，充分考虑中国传统文化以及国内特殊政策宏观环境，将量子管理理论与之紧密结合，提出了许多具有中国特色的管理理念和方法。这不仅有助于中国企业更深入地理解和应用量子管理理论，还为该理论的全球发展注入了新的活力。在当前全球化重构的大背景下，这种本土化的研究对于提升中国企业的国际竞争力具有重要的现实意义。

《数字时代的量子组织：Web3.0 赋能管理变革》是一本兼具理论深度和实践价值的佳作。它为企业管理者提供了应对数字时代挑战的新思路和新方法，为学者们的研究提供了丰富的素材和新的视角。我坚信，这本书的出版将对量子管理理论的发展和企业数字化转型产生积极而深远的影响，值得广大企业管理者、学者以及对管理创新感兴趣的人士深入阅读和学习。衷心期待更多的研究者和企业能够从这本书中汲取智慧，携手推动管理领域的创新与发展，使中国在未来对世界的贡献，不仅仅是 GDP，而更多的是中国最优管理实践与原创管理思想。

推荐序四

技术赋能管理变革

陈劲 清华大学经济管理学院教授、清华大学技术创新研究中心主任

2024年，我带领团队历经两年精心打磨的《链群合约》一书正式出版。"链群合约"这一概念，是张瑞敏先生为"人单合一"模式的持续发展指明的全新方向。回顾"人单合一"模式的发展历程，它确实充分激发了员工的活力，让企业焕发出新的生机。然而，随着企业的不断发展，一些问题也逐渐显现出来。庞大的小微群体在自由扩张过程中，出现了发展无序、竞争内耗、协作不足以及资源无法充分整合利用等状况，这些问题在一定程度上削弱了"人单合一"模式为企业带来的优势。尤其当海尔希望从业务发展观拓展到生态发展观时，传统的管理模式难以满足新的发展需求，迫切需要一种新的组织管理模式，来有效协同小微群体之间的合作，实现生态的共生共赢以及组织的可持续发展。

"链群合约"可以概括为"以人为本、数字赋能、动态寻优的内部创业机制"。其中，"链"代表生态链，借助区块链技术和数字化手段实现各个环节的有效链接；"群"指的是小微群体，它汇聚了生态链上的各个节点；"合约"则强调链群合约中的各节点并非孤立存在，而是需要通过相互协同、紧密合作来创造价值，这种合作是通过智慧契约来维系的，这也是链群得以稳定存在和持续发展的内在动力。这三个要素有机结合，

形成了一种极具创新性的组织管理机制，让小微群体既能发挥自身的创新能力，又能融入一个协同配合、资源共享且凝聚力强大的生态系统之中。

我读博士时的研究方向是技术管理，后来在清华大学长期致力于企业创新管理的实践与探索，因此对"链群合约"这种融合新组织形态和新时代数字技术的创新发展一直满怀浓厚兴趣。但遗憾的是，2024年以前国家对于区块链等Web3.0技术的发展政策一直不明朗，而2021年11月，张瑞敏先生已经逐步从海尔集团的管理工作中退休。在这样的背景下，海尔的链群合约组织实践虽然充分应用了动态多中心、外部市场内部化等量子管理思想，但在技术支撑功能的实现方面，确实存在一定程度的弱化。

在这样的情况下，我很高兴能看到眼前的这本书。它深入分析了量子管理思维与Web3.0技术如何融合起来，构建出链群合约组织的完整版本，为我们呈现了一个更为全面和深入的视角。

这本书的一大亮点是，分析了海尔以外的多个企业案例，让我们得以更全面、深入地了解链群合约组织的实际运作机制。同时也说明，链群合约组织的转型并不是海尔的孤例。不同企业在应用链群合约时，还展现了多样化的实践方式和独特的创新点，这些案例为读者提供了丰富的参考和借鉴。

此外，书中对技术在管理变革中的作用进行了深入剖析，这也是它区别于其他管理书籍的重要特色。Web3.0技术的应用为企业管理带来了诸多变革，使企业的管理决策更加公开、透明。借助分布式自治组织等方式，员工能够更广泛地参与到企业的管理决策过程中，这不仅提高了员工的参与度和积极性，还为企业决策注入了更多来自基层的智慧和创意。同时，Web3.0技术推动了数据所有权的回归，企业能够更好地挖掘和利用数据资产的价值。通过对数据的深度分析和挖掘，企业可以实现精准营销、个性化服务等，从而最大化数据资产的价值，提升企业的市场竞争力。

从书中可以看出，作者对国内科技政策有着精准的把握，对其在企业组织变革中所产生的影响也有着敏锐的洞察力，这充分彰显了作者在这一领域深厚的实践经验积累。相信这本书能够为企业管理者、研究者以及对管理创新感兴趣的人士提供有价值的参考，助力大家在探索企业创新管理的道路上取得新的突破。

前　言

2018年初，我还在绿地城建集团人力资源中心负责推动集团平台化转型和二次创业的组织变革工作，遇到了巨大瓶颈。就在我愁眉不展的时候，命运的齿轮开始转动。我有幸结识了从同济大学退休的王慧中院长和周箴教授。也是在那时，我第一次听说了"量子管理""丹娜·左哈尔"，还了解到海尔已经把人单合一模式升级成了量子组织管理模式。这就像黑暗中突然透进的一丝光，瞬间点燃了我心中的好奇，因为工作上的困惑，我很快就对量子管理产生了极大的研究兴趣。

刚开始研究的时候，那可真是困难重重。那时候GPT（生成式预训练变换器）这类人工智能工具还没问世，找资料全靠自己一点一点地"扒"，就像在大海里捞针，而且还得学会辨别资料观点的真伪。不过，幸运的是，谢永珍、周箴等教授就像一群热情的"引路人"，坚持每半个月组织一次"量子管理半月谈"的线上活动，还四处邀请各路专家来分享。在他们的帮助下，我就像在黑暗中找到了方向，慢慢对量子力学和量子管理学有了初步的认识框架。

在学习量子管理的过程中，我惊喜地发现，这可不只是简单的知识学习，更像是一场自我修行。量子思维就像一个神奇的魔法棒，悄悄地改变着我对生活的看法。相较于传统管理流派总是直接输出观点，却把结论的前提假设和思考过程藏得严严实实，量子管理更像是一位耐心的老师，教会我一套全新的思维范式，让我自己去思考问题、得出结论。这样得出的结论，就像是自己精心构造的花园，可以拿出来和别人分享思考的过程。这显然是一种更科学、更有趣的管理方法，所以我觉得花时间去推广它是一件非常有意义的事情。

2019年底开始，《量子领导者：商业思维和实践的革命》的作者丹娜·左哈尔到访中国的次数变得多起来。这一期间，她提出"量子管理就是用现代科学语系把中国智慧重复一遍"的观点。虽然这话里可能多少有点讨好中国市场的营销成分，但我觉得，量子管理更底层的量子思维确实有着让中西方文化对话的潜力。刚好我也有点古文的底子，就迫不及待地做了一些研究，还在自己的公众号上发了一些系列文章。

可是，在后续传播量子管理思想的过程中，我渐渐发现，对于成年人来说，仅仅有倡导的观点、思考方法和概念性描述是远远不够的。就像请客吃饭，光有菜单可不行，还得有实实在在的饭菜。我们还需要更多既容易上手又包含量子管理想法的管理实践方法，以及更多成功企业的故事，才能吸引更多人来体验和参与。

于是，我一方面接受机械工业出版社委托，翻译了《量子领导力：商业新意识》；另一方面，结合自己擅长的企业数字化管理业务，开始寻找两者的结合点。我凭着对数字技术的皮毛了解，凭直觉认定，与量子思维倡导思想最合拍的技术架构非区块链技术莫属。于是，我四处打听，多方辗转，终于找到了马小峰老师。

马老师是国内区块链技术应用领域的"大神"，全国专业技术人员新职业培训教程《区块链工程技术人员》就是他主编的。他还牵头自主研发了区块链操作系统 —— 梧桐链，为很多企业的业务提供了数字化改造方案。更神奇的是，他居然是同济大学的博导，近水楼台，这可让我跟他沟通学习都方便多了。

这几年，在贯通量子管理思想和区块链技术两者方面，马老师就像我的"超级外挂"，给了我莫大的帮助和指导。书里很多想法、素材都来源于马老师。上海数交所和中远海科的案例更是马老师亲自主持的。我真的很难想象，如果没有他的细心指导和培养，这本书还能不能顺利完稿。

但毕竟，量子管理和区块链技术对于普通人来说，都是认知门槛有点高的概念。为了更好地把两者的概念和相互关系展现给大家，这本书的写作花了足足两年的时间。我们就像两个讲故事的人，希望尽量用讲故事的方式，把这些复杂的概念和有趣的案例娓娓道来。

第一章，我们从企业普遍面临的当前商业困境讲起，就像揭开一块神秘的面纱，引出了在同样环境中，采用量子组织管理的两家企业却取得卓越经营业绩的故事，希望能吸引大家读下去，也顺便让"量子管理"这个神秘的概念闪亮登场。

第二章，我们讲述了随着量子科技技术被更广泛地应用，它是如何慢慢改变我们看待世界、看待生活、看待与他人关系的方式的。还有，为什么丹娜在三十多年前提出的量子管理思想却始终无法在西方成为主流，反而近些年在中国、印度、尼泊尔等东方国家越来越流行？这里面到底有什么底层原因呢？我们还会回答一个命题：为什么用量子思维重启商业逻辑能够实现人类整体的繁荣？

第三章，在基本讲清楚量子思维、量子管理哲学等复杂概念后，我们试图通过互联网技术的发展历史来告诉大家什么才是 Web3.0（第三代互联网）时代，以及它的主要技术特征和底层支撑技术有哪些。更重要的是，量子管理思想与 Web3.0 技术如何能够共同推动人类走出目前因为漠视人文伦理的过度技术发展而被迫陷入的困境。

第四章是关于组织管理的内容。大家目前的基本共识是，改变一定会从组织建设的架构变革开始。在本章，我们会分析：传统的组织模型因为哪些外部环境因素变化而在当前变得不再那么有效；超越时代的"道"组织模型与顺应时代的组织模型，两者之间是什么样的关系；作为数字经济时代的最新组织方案，链群合约组织具体指什么，其背后又涉及哪些 Web3.0 的技术。

第五章，我们先是具体分析全球最著名、最完整的链群合约组织标杆——以太坊的具体情况，然后又介绍了三家国内企业在链群合约组织探索方面各自取得的一些经验和心得。上海数据交易所代表着国家数字基建的主体企业，其成果是企业未来可以利用的重要基础设施。中远海科代表的是财力雄厚的企业，在借用Web3.0技术提升管理能力方面能够带来启发。而快来掌柜代表的是中小企业，在如何思考和借用数字工具进行转型方面具有经验和心得。数智时代的组织变革绝不是大型企业的特权，中小企业同样可以借着这个机遇腾飞。这就像一场企业实践的展示会，让你看到不同企业在这条道路上的探索和成就。

最后一章，我们介绍了Web3.0技术融合量子管理思维后，能够为企业带来的美好未来，以及在当下的国内，企业正面临的数据资产政策可能是未来企业数字智能化转型的重大机遇。

在这里，我要衷心感谢在思想上给予我诸多支持的马小峰、周箴、王慧中、谢永珍、谢佩洪、管永建等老师，这本书就像一个大熔炉，汇集了大家的思想结晶。尤其要感谢机械工业出版社的李新妞编辑鼓励我完成这本书，即使写作期间我因为思路紊乱而拖了很久，她也没有放弃，一直给我加油打气。最后还要感谢我的家人——我的太太、两个女儿，以及其他帮助过我的亲人。在这个忙碌的时代，是你们的支持让我有了空闲，能够静下心来，把这本书的内容一点点完成。

希望这本书能像一把钥匙，为大家打开一扇通往量子管理与区块链技术融合世界的大门，让大家在数字经济时代，为企业的组织变革和转型，找到一些灵感和帮助。

何伟

2025年1月

目 录

推荐序一　钱旭红

推荐序二　王方华

推荐序三　彭剑锋

推荐序四　陈劲

前　　言

第一章
不确定性商业时代，新型组织显威力　　001

一、多种趋势加剧竞争，企业家共同面临不确定性的严峻挑战　　...002

　　（一）国内消费者日益成熟　　...002

　　（二）新数字科技不断涌现　　...004

　　（三）人力对被机器取代的焦虑　　...005

　　（四）政策和经济周期变化加快　　...007

二、"自我管理"的量子组织新管理，晨星和海尔的故事带来启发　　...008

　　（一）美国晨星：没有专职老板，如何做到世界第一　　...010

　　（二）中国海尔：从人人都是CEO，到基于数字平台的量子组织建设　　...013

三、充满神秘的"量子"概念，成为管理学的新热词　　...017

　　（一）量子思维成为商业管理新热词　　...017

　　（二）一项系统性的变革探索：从量子力学到数字商业革新　　...020

第二章
量子思维倡导共荣，与东方文化相契合

025

一、从尊重个体到共同繁荣，量子思维底层逻辑中的人类可持续 ...026
  （一）量子思维与量子力学 ...026
  （二）量子的影响，从自然科学到人文和管理科学 ...030

二、"共同繁荣"的量子思想，无法在西方成为主流意识 ...036
  （一）量子思维在西方萌芽 ...036
  （二）传统思维成为阻碍共同繁荣的根源 ...040
  （三）量子思维有助破局 ...043

三、文化基因契合，量子思维为什么"花开西方，香飘东方" ...044
  （一）量子管理，香飘东方 ...044
  （二）量子管理的本质就是中国管理哲学 ...045
  （三）用量子管理思维再看中国商业案例 ...048

四、沟通对话，共情变革，量子思维为"共荣的未来"保驾护航 ...049
  （一）思维的基本假设趋同，才是人类共荣的前提 ...049
  （二）当今世界面临的思维分裂危机 ...050
  （三）用量子思维融合对话的优势 ...051

第三章
Web3.0 与新时代的量子管理

053

一、从 Web1.0 到 Web3.0，新技术发展背后的人文危机 ...054
  （一）互联网技术起源与 Web1.0 时代 ...055
  （二）功能与社交互联网与 Web2.0 时代 ...056
  （三）Web2.0 时代伴生的新问题 ...060
  （四）人类面临"被边缘化"的危机 ...062

（五）创新机制，利用Web3.0实现技术普惠　　　　　　　...067

二、Web3.0，新技术如何助力我们脱离人文困境　　　　　　...069

　　（一）Web3.0技术的三个新特征　　　　　　　　　　　...070

　　（二）Web3.0技术将如何影响商业系统　　　　　　　　...073

　　（三）Web3.0呼唤每个人承担起自己的责任　　　　　　...075

三、Web3.0实现新管理大有可为　　　　　　　　　　　　　...076

　　（一）以广泛连接为特点的新商业模式倒逼组织变革　　...076

　　（二）劳动者正在"自我"觉醒，新组织建设需要新方法论　...078

　　（三）消费互联网野蛮生长，急需新技术和量子思维来引导　...079

　　（四）双剑齐发，困境突破之路　　　　　　　　　　　...080

第四章

遥望星空：Web3.0技术构建数字经济时代的组织新模型

083

一、传统组织模型的底层逻辑与面临的环境巨变　　　　　　...084

　　（一）传统组织模型的底层逻辑　　　　　　　　　　　...084

　　（二）传统组织模型面临的环境巨变　　　　　　　　　...092

二、超越时代的"道"组织模型　　　　　　　　　　　　　...096

　　（一）模型最底层：量子世界观的"道"与量子组织观的"道"...096

　　（二）模型第二层：企业管理的"道"与组织存在的"道"...099

　　（三）模型第三层：企业管理实践的"道"与组织

　　　　　　变革实践的"道"　　　　　　　　　　　　　...102

　　（四）模型最顶层："时代"的组织与企业管理　　　　...105

三、数字时代的新组织模型　　　　　　　　　　　　　　　...108

　　（一）链群合约组织模型的基础　　　　　　　　　　　...108

　　（二）链群合约组织模型揭秘　　　　　　　　　　　　...116

第五章

洋为中用：国内企业如何摸索新组织治理   133

一、以太坊：Web3.0 链群合约组织的海外样板   ...134

（一）与以太坊相关的一些重要概念   ...135

（二）以太坊的自治管理：用技术创新重塑组织管理   ...137

（三）以太坊组织与管理架构的优势总结   ...142

二、中国特色的链群合约组织探索   ...144

（一）上海数据交易所：为企业打造共同的数据——数字基座   ...145

（二）中远海科：用数据建立更多优质的连接   ...152

（三）快来掌柜：借用数据和系统实现权力下放   ...161

第六章

数字经济，Web3.0 融合量子管理的大未来   171

一、中国企业利用 Web3.0 实现组织新管理的美好未来   ...172

（一）新组织：进一步解放生产和天性   ...173

（二）新逻辑：各安其所，共生共荣   ...174

（三）新引擎：实现以创新驱动发展   ...176

（四）新动力：激发个体的责任感和智慧   ...179

二、未来十年，最大的"运势"已经悄悄到来   ...182

（一）全球开动印钞机，发展新旧动能转换中   ...182

（二）货币锚从"地租"转为"数租"的历史机遇   ...186

（三）新锚下的数字经济，需要量子思维和 Web3.0 的融合   ...192

CHAPTER ONE
第一章

不确定性商业时代，新型组织显威力

一、多种趋势加剧竞争，企业家共同面临不确定性的严峻挑战

如今，中国企业面临的国际和国内营商环境越来越不确定。"乌卡"（VUCA）已经成为众多企业家的口头禅。VUCA是不稳定（Volatile）、不确定（Uncertain）、复杂（Complex）和模糊（Ambiguous）四个英文单词的首字母组成的。这个概念最初是在20世纪80年代由美国军事学院战略研究所（U.S. Army War College）在《领导者》一书中提出，后来逐渐被广泛应用于商业和组织管理领域。之所以"乌卡"概念受到如此多的关注，是因为它与当下商业竞争环境的特征非常契合。商业竞争环境的不确定性不再只是少数人的主观感受，而正逐渐成为一种集体共识。无论是企业家还是普通民众，这几年多多少少都能感受到这一点。这种现象的背后有其客观原因，概括而言至少包含四个方面。

（一）国内消费者日益成熟

过去半个世纪，所有在中国的企业几乎都享受到了国内消费市场的特殊红利：当年我们的生产能力还不足，国内老百姓在奔小康的路上对物质的需求远远大于商品供给。以中国的乘用车为例，1998年全国的销量也仅有50.8万辆而已（见表1-1）。在那个年代，买车不但昂贵，还需要指标。消费者能"有幸"买到一辆车就不错了，根本谈不上个性化

的定制需求。也正因为如此，大众汽车能够仅靠桑塔纳这一种车型就拿下46.2%的市场份额。这种市场特征一直延续了多年，2018年是新能源市场新势力车企崛起的重要节点。而这次，不到十年时间，新能源汽车已经占据了国内汽车销售市场的半壁江山。

表1-1 中国部分年份乘用车销量及TOP3车型销售占比

	1998年	2008年	2018年	2021年
第一名	46.2%（桑塔纳）	4%（捷达）	2.2%（轩逸）	2.4%（轩逸）
第二名	13.0%（捷达）	3.9%（桑塔纳）	2.1%（五菱宏光）	2.0%（朗逸）
第三名	6.6%（神龙富康）	3.5%（凯越）	2.1%（朗逸）	1.8%（五菱宏光）
总销量/万辆	50.8	504.7	2235.0	2118.2

看表1-1中2021年的数据，即使是最畅销的车型，整体市场占比也只有2.4%。但不要忘了，2021年的市场规模已经超过2000万辆车，即使是这2.4%，它的数量也远大于当年占比46.2%的桑塔纳。所以，"体量增大、需求细分"其实是消费市场在逐步发展成熟后的必然特征，大部分发达国家都经历过这种过程。

十多年前，我们参访过一家专门做对美出口轻工业品的国际贸易电商公司，该公司有一系列模具产品，功能就是把煎蛋做成不同的形状，比如笑脸和爱心，广受美国消费者的欢迎，这给我留下了深刻的印象。因为当时中国老百姓普遍依靠"一把菜刀一口锅"就能做出丰盛的中式晚餐。而现在的年轻人，无论是不是经常在家做饭，厨房烧菜的锅肯定不止三四口。这些现象背后的原理都是一样的。市场规模扩大的同时，供给参与者的数量必然也会不断增加，要在激烈的竞争环境中脱颖而出，企业就必须更贴近消费者，通过提供独特的产品或服务，才能在众多竞争者中脱颖而出。

父辈时代那种特殊市场环境已经一去不复返，但我们很多企业的认知和运营模式却仍然停留在那个阶段，对市场需求细分的新竞争环境毫无应对措施，导致生产了大量不符合新需求的"库存"，这些"库存"最后不得不以极低的价格进行倾销，导致恶性循环。

（二）新数字科技不断涌现

如今，我们所要面临的最大挑战之一就是如何适应新技术，尤其是因数字科技引发的巨大变革。过去，新技术通常只是在某些领域提高了效率，但现在，新数字科技往往结合企业商业战略和业务创新，带来更深远的冲击。

有人可能认为人工智能、大数据、云计算、区块链和量子计算离我们很遥远，但现实却是，新数字科技已经在不知不觉中时刻影响着我们的日常生活。让我们看一下 2016—2020 年中国各类型刑事案件数量的统计数据，如果你仔细看下表 1-2 中第二列到第五列的数据，就会发现盗窃刑事案件和假币刑事案件的数量一直在减少，而诈骗和走私类刑事案件总体呈增多态势。如果你熟悉数字科技的发展进程，就会发现这种变化与数字钱包和数字货币的兴起密切相关。一方面，现金支付的减少意味着盗窃的潜在收益、假币使用的场景都在减少，导致这些犯罪行为被迫减少；另一方面，数字货币使得跨地区甚至跨国界的支付和转账变得更加便捷，监管难度也在增加，所以这类案件的数量也就急剧增加。如果你碰巧也看了 2023 年的热门电影《孤注一掷》，就能更直观地感受到这一点。

表 1-2　2016—2020 年中国各类型刑事案件数量

年份	盗窃刑事案件	诈骗刑事案件	走私刑事案件	假币刑事案件	其他刑事案件
2016	4304321	979956	2407	1163	910918
2017	3459742	927583	3277	1467	897825
2018	2786804	1156351	3856	1216	955482
2019	2258236	1433831	4866	994	1016407
2020	1658609	1915429	4655	750	1066445

资料来源：国家统计局、智研咨询整理。

商业领域的竞争也因为数字技术的影响而发生了变化。以往市场份额的争夺往往在传统行业对手之间展开，企业的竞争策略通常会锚定行业或地区的一个龙头企业作为"假想敌"，然后通过研究其策略来采取相应行动。而新技术的出现不但改变了人们的生活方式，也在不断降低跨界竞争的门槛。这就使得竞争对手变得模糊，可竞争的领域和范围扩大了许多倍。无论是统一集团还是康师傅，在 2010 年美团成立时，都没有想到这家外卖公司将在短短十几年内成为自己的最大威胁。

当下不断涌现的新技术正在重塑商业模式和产业结构，从人工智能到物联网，从大数据到区块链，有了这些新技术，无论是企业战略还是组织方法，都面临巨大的变革挑战。

（三）人力对被机器取代的焦虑

这几年，越来越多的人甚至认为"乌卡"已经不足以描述现代商业中的变化特点了。除了客观的不确定性外，人类还正面临着整体性的生存焦虑：随着新技术的发展，普通人在整个生产 – 消费循环生态中的地位不断下降。因此，在 2016 年，美国人类学家和未来学家贾迈斯·卡西欧提出替代"乌卡"的新概念 BANI（脆弱的、焦虑的、非线性的、难以理解的），迅速赢得了支持者。比如在制造业领域，越来越多的工厂开始采用自动化生产线和机器人代替传统的人工生产。根据国际机器人联合会（IFR）的数据，到 2022 年 3 月，全球已经有 103 家灯塔工厂（高度自动化的工厂），因为可以 24h 自动化运行，不但产能大幅提高，而且员工数量可以降低到传统工厂的 1%。在物流和仓储领域，自动化仓库和机器人拣货系统的使用也越来越普遍，不论是国外的亚马逊还是国内的京东，都已经引入机器人仓库系统。

这里的"机器"不仅仅是指硬件设备，各类生产和协同软件应用也在不断地侵蚀普通人的工作岗位。2016年，AlphaGo软件在与韩国围棋世界冠军李世石的五局比赛中获胜，这标志着人工智能领域取得了重大突破。虽然科学家尚不能完全复制人脑的学习方式，但他们已经找到了一种基于数学方法如遍历、分类和概率分析的"新学习模式"，也被称为神经网络深度学习。尽管这种方式不如人脑模式那么高级，但它具有不间断性、可进化性、快速处理和易于共享等特点，在许多领域的表现已经超越了大多数普通人，而且这一优势还在不断扩大。2020年，OpenAI公司发布了ChatGPT-3，拥有1750亿个参数，可以执行翻译、摘要、回答问题、生成对话等广泛的自然语言处理任务；而到了2022年11月底，ChatGPT进入全面公测后，用了不到三个月就迅速获得了1亿的月活跃用户（MAU），这一成就是前所未有的。根据瑞银集团的报告，即使是TikTok，实现1亿的月活跃用户数量也用了大约9个月，而Instagram更是用了两年半。

随着人工智能和机器学习的发展，未来不仅人工客服数量将大幅减少，金融领域的交易员、服务领域的导游、翻译等中高级技术工作者的数量也将大幅减少。比如，在自动驾驶领域，特斯拉、比亚迪、百度和滴滴等公司都正在竞相研发和测试自动驾驶汽车。根据市场研究公司ABI Research的数据，到2030年，自动驾驶汽车市场的价值预计将达到3400亿美元。然而，硬币的反面是，数以十万计的驾驶员将在三五年内面临再就业。在百度发布的2024年一季报关于旗下萝卜快跑智能驾驶业务的介绍中，其自动驾驶订单已经达成约82.6万单，累计为公众提供的自动驾驶出行服务订单超过600万单。要知道，萝卜快跑目前业务仅限于武汉等少数城市的有限区域开展，但因为其补贴后不到传统出租车一半的价格，仍然影响了当地驾驶员的生计，年中还造成了上千名驾驶员的联合抗议。

（四）政策和经济周期变化加快

国际舞台上正在上演一场大国崛起的戏剧，这个过程必然包含对传统国际利益格局的挑战。2018年，美国总统特朗普为了缓解国内的经济和政治压力，对中国挑起贸易争端。一开始，他指责中国向美国出口的钢铝产品存在不正当竞争，后来他扩大打击范围，对从中国进口的价值接近2000亿美元的商品征收更高的关税，税率从10%一下子提高到了25%。作为回应，中国也宣布对从美国进口的大约600亿美元商品征收额外的关税。这种冲突并没有随着时间而缓和。不到一年后，美国贸易代表办公室又宣布对从中国进口的约3000亿美元商品加征10%的关税。这种贸易冲突对双方产生了显著影响，众多国际贸易企业被迫退出双方市场，货运和货代企业不得不大规模裁员。2025年，特朗普再次当选美国总统，又一次加强了对中国的关税措施。

美国还采取了技术封锁措施，以限制中国在高科技如芯片、半导体、智能制造、航空航天和新材料等领域的发展。华为就因此遭受了重大打击，因为美国在5G芯片技术和产品方面的封锁，导致其在手机市场上失去了大量份额：根据Canalys发布的数据，2022年华为全年的手机出货量才2200万台，而受到制裁前的2018年，华为仅第二季度的手机出货量就达到了5420万台。即使中国企业积极扩展海外市场，它们仍然面临着障碍。抖音的海外版本TikTok也经历了类似的挑战，尽管它早在2020年就从母公司字节跳动独立出来，但掌门人周受资还是被迫前往美国国会接受了长达5小时的关于"国家安全"的听证会。

在国内，政策变化对一些关键行业同样产生了影响，比如老百姓非常关注的房地产行业。2015年，政府采取了一系列措施来解决市场上供应过剩和高库存的问题，其中包括棚改货币等政策。虽然有效地解决了当时的危机，但一些大型房地产企业借机过度推动"高周转"的开发模式，导致许多中小城市的住房价格迅速上涨，形成了新的泡沫。因此，政府于2017年开始采取一系列限购和限售政策，以抑制投机性购房行为，并保障人民的基本住房需求。这些抑制政策到2020年底达到最严厉的时刻，政府出台了"三条红线"的融资指导规范，一些激进的房地产企业陷入负债困境。然而，随着时间的推移和疫情的出现，政府在2023年第三季度逐步改善对房地产行业的监管措施。这种周期性的政策调整使一些企业感到力不从心。

市场竞争越来越激烈，客户需求越来越分化且动态变化，新技术不断涌现，跨界竞争现象频现，机器和自动化正在改变传统工作方式，某些传统岗位被边缘化带来焦虑，经济和政策状况的不断波动也在对企业造成影响……这些因素共同作用，给企业生存带来了巨大的挑战：过往成功的商业模式可能在转瞬间失去竞争优势。但与此同时也给企业带来新的商机和可能性，所谓"风浪越大鱼越贵"，关键在于如何善用这些机会，如何创新，如何让自己能时刻感受到市场的变化，从而灵活应对不断变化的环境。

二、"自我管理"的量子组织新管理，晨星和海尔的故事带来启发

如今，大部分企业领导和管理者依然被过时的思维框架所束缚，他们没有认识到，传统的企业组织结构和方式正成为创新的绊脚石。世界知名战略大师加里·哈默提出了一个观点：传统的组织无时无刻不在压抑内部员工发挥个体创新力和主观能动性。他的疑问发人深思："为什么在个人生活中，员工可以很自在地决定买房买车这类重大事项，而到了工作中，他们连购买一把300元的椅子都需要申请领导签字批准？"原因在于传统组织常常依赖高层决策和标准化的工作流程管理，但这两

第一章
不确定性商业时代，新型组织显威力

者都有个共同弱点：会让组织无法迅速适应市场变化，缺乏灵活性。加里·哈默把它称为"官僚主义"。这种官僚主义方式导致了大量的效率损失和资源浪费：据哈默估计，仅在美国每年就造成了高达 1.9 万亿美元的 GDP 损失。在如今快速变化的外部环境下，这些矛盾变得更加突出，传统组织的内部协作优势已经慢慢地不足以覆盖它伴生的效率损失。

当今时代，持续创新和激发员工的个体活力已经成为企业生存的必备条件。那么，如何构建一种新型组织，使其能够更敏锐地感知市场，更灵活地应对变化，同时又能保持协同效率呢？这是一个关键问题。

对此，其实"现代管理学之父"彼得·德鲁克早就已经给出了答案，即要建立以"自我管理"为核心的新型组织管理模式。"自我管理"就是强调个体应该对自己的行为和决策负责，要通过自我管理来实现个人和组织的共同目标。早在 1966 年，德鲁克就预测到未来的工作将以知识工作者为主，而引导他们进行"自我管理"是提高效率的最佳方式。他在《哈佛商业评论》上发表的文章《自我管理的实践》(*Managing Oneself*)深入探讨了个人如何发现自己的优势、规划职业生涯、发展个人能力以及与他人合作，为个体提供了宝贵建议。

随着员工对"自我"认知的不断觉醒，越来越多的人开始规划自己的个人发展并采取行动，德鲁克的展望正在成为现实。但如何确保个人和组织的目标能够协调一致？如何在企业内部培养鼓励"自我管理"的氛围？这些挑战在实践层面非常难以克服。由于长期受到传统的分工思维的影响，甚至有人质疑：这种激发个体能力的做法是否是"空中楼阁"？混乱的有序是不是有长期意义？颠覆式管理会不会真的对企业经营产生积极影响？

事实上，国内外已经有许多企业在这方面取得了一些显著成就，但这些经验往往未被广泛分享。接下来，我们将介绍两家在这一领域表现

出色的企业：美国的晨星公司和中国的海尔集团。

（一）美国晨星：没有专职老板，如何做到世界第一

这里的晨星公司（Morning Star Company），并不是美国那家著名投资机构，而是指晨星番茄公司。晨星公司是美国的番茄加工业巨头，总部位于加利福尼亚州的萨克拉门托，成立于1970年。虽然不太为人所知，它却是世界上最大的番茄加工企业之一。这家公司有350名全职员工和2500名兼职员工，年销售额超过9亿美元。全美40%以上的番茄加工业务都是由晨星公司完成的，包括麦当劳、肯德基和必胜客等大品牌的番茄酱都出自该公司。

最有趣的是，尽管员工众多，公司却没有专职的老板、副总裁、经理等传统管理人员。独特的做法帮助公司避免了官僚主义的弊端。加里·哈默在他的书中曾经提出一个不可思议的建议："首先，让我们解雇所有的管理者。"这个在常人听起来不可思议的想法，晨星公司创始人克里斯·鲁弗居然早就付诸实践了。他让每个人都参与管理，赋予了员工更多权力，结果不仅没有引发混乱，还使公司成了组织管理创新的时代典范。

在晨星公司的颠覆式管理系统中，我们需要了解三个关键点：

- 没有人有权强制他人做事。没有人可以单方面命令别人或开除同事，而是要通过"寻求共识程序"来解决问题，通过双方沟通或第三方介入的方式。

- 公司组织以项目为导向，各部门之间灵活聚散。每个部门都有自己的财务责任，员工需要共同负责部门的运营，业务和招聘决策都由部门里最有知识和经验的人（通常是一线员工）来做。

- 同事之间的良好关系让每个人自发对自己的工作尽心尽责。每个

人都有权要求同事合作并提出反馈，以确保高质量工作。员工每年提出数百个企业变革计划，小到调整办公桌布局，大到优化番茄酱生产工艺，大部分都在合作氛围中成功实施。

晨星公司最独特的管理创新是每个员工都有一个"同事谅解备忘录"。其中记录了员工的职责、KPI（关键绩效指标）和决策权限。这些不是由上级分配的，而是通过与同事沟通后自主协商确定的。员工每年必须与至少10名密切相关的同事商讨并签署自己的备忘录。这些备忘录记录了公司内超过3000种工作关系。晨星公司不人为设置信息障碍，而且积极让每个人都明白为什么需要了解公司内部事务。公司每半个月会公布业务部门的详细财务报告，确保员工了解自己所在业务部门的成本和收益。这种透明度可以帮助公司保持秩序，每个环节都有人负责。同事谅解备忘录也会因员工的成长和兴趣而不断变化：经验丰富的员工逐渐承担更复杂的任务，将基础工作交给新员工。鲁弗强调，通过备忘录管理公司是可行的，因为自愿达成的协议可以激发员工的积极性，提高工作效率，让整个公司运转更顺畅。

- 在这里，每个人都有机会承担不同角色，没有固定的职务。或者说，每个人都可以是一名"自我管理 and 聚合他人的经理"。晨星公司没有具体的岗位描述，员工可以根据经验和技能自行制定工作范围，并在提升能力后主动承担更多责任。宽松的职责范围和放权管理激发了员工的积极性和创新能力。这种全人发展的方式不仅让员工快乐，还降低了员工离职率，每年都有超过100人排队申请加入晨星公司。

- 在这里，没有财务预算，也没有独立的采购部门。如果某个维修工程师需要一台7000美元的电焊机，他只需说服部门同事并得到他们的支持，就可以直接订购，无须财务部门审批。因为公司创始人鲁弗认为，使用设备的工人比老板或者财务部门更有资格决定是不是需要采购设备、采购什么设备，并同时为设备的投入产出负责。因此，公司不审核采购申请，直接放款，仅仅关注与考核该设备后续是否按照预期对公司产生价值。

- 在这里，每个部门都有自己的经济责任，这意味着部门要自负盈亏。因此，在协作和交付项目时，部门之间经常会讨价还价，有时候甚至会发生激烈争论。但公司认为这种状态是好事，通常不会干涉。大部分时候，大家最终都会达成共识。如果有个别分歧无法解决，则会启用仲裁机制，由公司内部的"资深专家"和仲裁机构来协助解决争议。一旦协议达成，大家必须百分百遵守。

- 在这里，员工的薪酬模式也与传统公司很不一样。每个人的薪酬都由自身做出的业绩贡献、同事的认可两方面因素来确定。每年年底，每个员工都会拿着年初签订的同事谅解备忘录，找到当时参与商讨制定备忘录的其他同事，让他们打分反馈，评价彼此的工作完成情况。这个反馈打分决定了该员工的绩效评分的绝大部分。然后，公司薪酬委员会再通过综合评估，来确定员工的最终薪酬，保证员工的付出有相应的回报。

很多人对这种"违反常识"的管理方式感到不解，但晨星公司用稳定的业绩证明了它的有效性：公司近20年来销售额、收入和利润都以两位数的速度增长，而同行业平均增速仅为1%左右。此外，员工对公司的信任和积极参与也使得晨星几乎不依赖银行贷款，仅靠内部融资就能实现规模扩张，这点非常类似早期的华为。

晨星公司的内部薪酬分配相对平等，但平均水平远高于同行业。根据统计，美国普通企业里收入最高的员工薪酬是收入最低者的80~100

倍，而在晨星公司，这个比例仅为 6 倍。另外，根据美国薪酬网站（www.salarylist.com）数据，晨星员工的年平均薪酬是 80500 美元，比同行业平均水平要高出约 30%。这背后有两个原因：一方面，由于员工的自我管理，促使很多创新理念能够迅速实现，为公司创造了额外价值；另一方面，公司通过组织创新，大大减少了官僚主义造成的管理成本和浪费，使公司有能力提供额外的薪酬激励。

在晨星公司的官方网站上，这样介绍其管理理念："晨星公司建立在自我管理的核心理念之上。我们假设一个由自我管理的专业人员构成的组织，与同事、客户、供应商和同行能够进行自主沟通和协调，无须依赖其他人的指令。同事们凭借自己独特的才能，找到工作的乐趣和激情，这样他们才能互相协作、互相补位。每个同事都对公司的使命承担个人责任。我们深信这一愿景，致力于通过一系列原则和系统来不断完善我们的组织。"

（二）中国海尔：从人人都是 CEO，到基于数字平台的量子组织建设

在国内，同样有在"自组织、自管理"方面实践了几十年的优秀企业，那就是海尔。很多中国人对海尔的名字耳熟能详，但对它的印象还停留在"一家传统家电公司"。海尔的总部位于青岛，它的故事始于 1984 年，当时只是一家小小的集体制冰箱厂。但随着时间的推移，海尔目前已经成了全球领先的家电制造商之一。这家公司在国际上也有很高的声誉，曾多次获得国际奖项和认可。证明了海尔在家电领域的强大实力和创新能力。

海尔一直被视为中国管理的典范。其管理模式不断演进，从早期"砸掉瑕疵冰箱保证品质"到20世纪90年代的OEC（全方位优化管理法）工厂管理，再到后来的"人单合一"模式。2016年9月20日，海尔在

青岛召开第一届人单合一模式引领论坛，提出了海尔管理模式的两大发展利器，一个是以量子思维为核心的"人单合一"，另一个是以数字化技术为核心的智能工厂和卡奥斯平台。

人单合一模式，是张瑞敏把量子管理思想融入海尔实践的一种创新管理模式，又称"海尔制"，其在体系创新方面的重要地位不逊于当年的"丰田制"。"海尔制"的核心理念是以用户为中心，倡导个体在海尔平台上创业和自我管理，鼓励员工创新和承担责任。这种方式让海尔能够快速适应市场变化，提供个性化和定制化的产品和服务。

这些年，许多企业尝试模仿海尔的管理模式，但大部分都失败了，因为它们未能深入了解海尔的新商业逻辑、了解海尔量子组织背后的新思维，而只是试图简单地复制一些表面现象和措施。上海交通大学安泰经济与管理学院原院长王方华教授曾经总结到，海尔的经营逻辑经历了从"要赢"到"不死"的范式转变。更难得的是，海尔把这种哲学融入了组织建设和数字化转型中。海尔构建了"智慧家庭"生态系统，不仅仅是通过科技将家电产品变得更智能，还着重于沉淀有质量的数字资产，为将来能够更低成本、更快速度地感知用户需求提供基础保障，确保未来能以更低成本和更快速度满足用户需求。

海尔通过管理范式的创新取得了明显的经营成果，多次收购国际同行公司，并成功帮助它们扭亏为盈：2012年，海尔以7.66亿美元的价格收购了新西兰的家电制造商斐雪派克（Fisher & Paykel），又以约8.3亿元人民币的价格收购了日本三洋（Sanyo）电子白色家电业务；2016年，海尔以55.8亿美元的价格收购了通用家电（GEA）业务；2018年，海尔以约38.05亿元的价格收购了意大利家电制造商卡里普斯（Candy）集团。这四家公司在被收购前无一不存在经营亏损的情况，而在海尔收购成功后，都被导入了"人单合一"的新管理模式，并都实现了扭亏为盈。

最令人印象深刻的是，海尔收购 GEA 后，既没有更换 GEA 的设备，又没有空降管理者，仅仅改变了管理模式就提升了巨大的经营业绩，使得 GEA 公司被收购后的年收入达到收购前（2015 年自然年）的 1.8 倍还多，利润更是收购前的 3 倍多。2022 年 7 月，GEA 从一个被美国通用电气总公司出售的业务部门，摇身变成了美国家电行业第一品牌。它推出了品牌史上第一款滚筒洗衣机，新机型一年就售出 40 多万台（是其以往洗衣机年最高销量的 4 倍）；它还重启了原本已经关停的热水器业务，并建成了全行业最先进的工厂。这些案例都显示了"海尔制"的成功和影响力。

三洋电子代表的日式管理和通用电气代表的美式管理，都曾经是管理界的明星。但是，"海尔制"的成功证明了新一代管理思想即基于量子思维下的组织变革才是更好的选择。未来的商业环境变化越来越快，不确定性也越来越高，海尔的量子组织模式有可能表现得越来越出色。

我们还可以通过比较海尔和格力两家主营产品接近的对手公司在过去 20 年的发展历史来验证这一观点。

图 1-1 所示为海尔智家和格力两家上市公司的年度营业收入与环比增长率对比（2000—2023 年）。我们选择这两家公司进行比较有三个原因：第一，它们都是上市公司，数据相对可靠（但需要注意的是，海尔在上海证券交易所的上市公司仅包含其家电业务，而格力则是整体上市的）；第二，它们的业务高度相似，主要销售家电产品，市场竞争激烈；第三，格力的强权管理风格与海尔的人单合一管理哲学形成鲜明对比。

如果比较图 1-1 的左半部分，我们会发现：在 2014 年以前的大部分年份，格力的环比增长率明显高于海尔。因为那时中国经济正处于黄金时期，各种外部因素相对稳定，强权领导意味着高效执行，高执行力能够在稳定环境下获得更多的市场红利。但从 2015 年开始，格力的环比增长率下降并且波动明显大于海尔。总体来看，到 2022 年，海尔的白色家电业务已经遥遥领先。

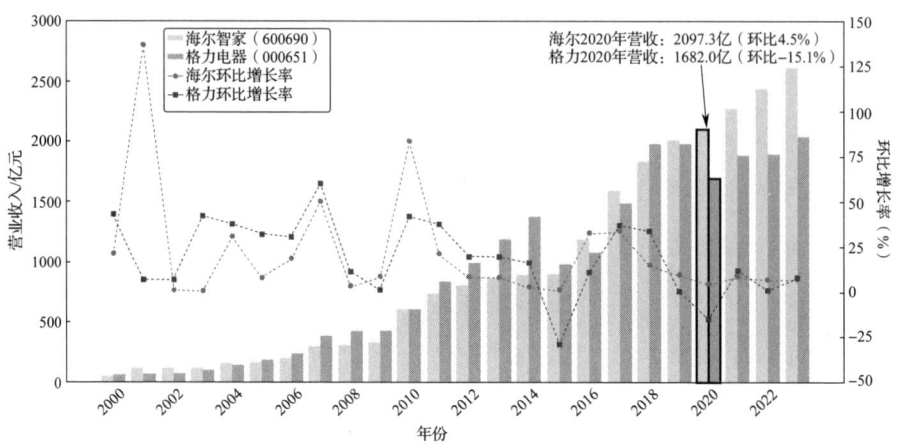

图1-1　海尔智家和格力两家上市公司的年度营业收入与环比增长率对比（2020—2023年）

数据来源：eniu网整理的上市公司年报数据

高效执行在稳定环境下虽然能够高效盈利，但也意味着在波动环境下容易高效犯错；但灵活的组织则恰好相反，虽然会损失部分效率，但适应变化的能力会强得多。高效执行和灵活适应就像两个极端，需要企业家的智慧来妥协和平衡（Trade-off）。这种组织差异对销售的影响在极端情况下还会被成倍放大：2020年，新冠疫情暴发。当年海尔的销售额居然仍然达到了2097.3亿元，增长率保持在4.46%，而格力的销售额虽然达到了1682亿，但增长率却降到了-15.1%。在那段困难的时期，两则相关新闻形成了鲜明对比。一则是2020年3月底，格力因新冠疫情影响而宣布业绩下滑，董明珠公开表示，2月份公司因疫情损失了200亿元（2月、3月空调销售几乎为零），并在4月底首次尝试亲自直播带货；另一则是海尔集团在2020年授予通用家电团队优秀管理奖，因为他们在当年的2月底就自发组织恢复了生产和交付，比竞争对手早了整整三个多月，这一期间几乎垄断了当地所有的市场订单。

与传统方法相比，量子组织可能会在稳定状态下牺牲一些效率（但通过企业的数字化沟通和决策工具,也可以部分弥补这种效率损失),但在不断变化的环境中,量子组织提供了零距离的快速应变优势。即使像格力这样有着强大领导者的企业,因为其受组织架构的限制,相对于自组织模式在疫情冲击下的反应也慢了整整两个月。更重要的是,量子组织能够充分发挥每个个体的主观能动性。正如海尔通用家电团队在领奖时提到的:"我们在美国本土的团队不怕危险,可以快速生产自救。部分是因为我们有合理的激励机制,但更多的是因为我们被一种使命感所驱动。突然之间,消费者买不到家电了,我们觉得我们的工作有助于人们更快地恢复正常生活。"

三、充满神秘的"量子"概念,成为管理学的新热词

近年来,我们身边出现了很多新奇的科技产品,比如超导材料、低纳米芯片、医疗影像设备等,这些都与一门叫作量子力学的自然学科有关。随着量子科技越来越多地被应用在日常生活中,它也开始逐渐影响我们的思维方式,而且这种影响跨越了自然科学领域,正在深深地影响商业领域,为我们的商业思维注入新的活力。

(一)量子思维成为商业管理新热词

"量子态"被认为是目前最精准地描述现代商业环境的模糊性和不确定状态的一种说法。为什么这么说呢?

- 当今商业环境中充满了不确定性。市场变化、消费者行为、竞争态势、技术发展等各个方面都充满复杂性和多样性。这就像物理学中对微粒子量子叠加态的描述,充满了多重可能性和潜在的发展方向。

- 商业决策会将这种多重可能性变成一种确定的结果，像极了量子物理中的"坍缩"过程。因此，用量子物理中描述变化的方式来理解当今商业世界中非线性的、跃迁式的变化，会比传统思维方式更加有效。
- 随着科技的发展，全球化、物联网、5G 等使得人与人之间的连接更紧密。"万物互联"的魅力让我们更容易去理解和认同"量子纠缠""量子整体"等概念。它们不再是抽象的词汇，而是已经在我们的生活中存在并发挥作用。

我们目前正需要一种更辩证、更包容、更客观的思维方式，来解决一系列商业问题。最近几年，中国面临着商业环境的不确定性和变化，这让很多人感到焦虑。似乎眨眼间，生意难做了，工作难找了。恒大等房地产企业的债务危机，让很多买了预售房的老百姓短期内无房可收、无家可归，更是让众多下游供应商因为拿不到应收账款而发生经营困难和裁员现象。突如其来的新冠疫情，让众多中小企业苦不堪言，顾客少了，但租金、工资等刚性支出很难减少。据清华大学统计数据显示，仅 2022 年上半年，国内就有 46 万家企业倒闭，同时有 310 万个体工商户被注销。愈演愈烈的中美技术脱钩、产业链脱钩也在默默地影响我们的生活，华为因为美国的芯片技术制裁近 3 年无法大批量生产 5G 手机，直到近年才技术脱困，富士康宣布转移 3000 亿元产能到印度和东南亚公司，郑州工厂在不到一年内用工人数从巅峰的 30 多万人直接降到了七八万人……经济在各个微观层面的剧烈动荡，也迫使我们使用量子思维来取代传统的思维方式，以新的视角来解决现有问题。

- 从"量子态商业生态"这个融合的角度出发，我们可以得出很多不同于传统的创新观点和行动指南，来指导当下和未来的管理，尤其是企业的数字智能化转型过程。

- 在万物互联的时代，社会、国家和企业都更像一个不可分割的"量子整体"。在这种情况下，单独的个体或部分很难独自取得良好的发展，而是需要彼此协作、相互配合。通过"各美其美、美美与共"的量子思维发展方式来实现整体繁荣，可能会成为未来商业的唯一选择。

- 要实现这样的商业目标，未来的企业组织需要民主的"集智"和尊重"个性"。新商业的本质是让更多个体感受到自己发挥了人生价值。这就需要未来的组织能够以新的结构和方式，广泛吸纳各方的智慧和意见，汇聚更全面、多元的思路和创新，促进商业决策的科学性和适应性。

- 改变不能仅仅靠观念的宣传，更要靠精妙的制度设计和数字技术支撑。因为企业要保障组织的有效产出，这就要求未来的组织管理能够拥有新的方法论，不是仅靠喊口号就能实现的。从表层次和短期视角来看，很多行为和要求是"反人性"的：要求企业家能为了长期的美好愿景放弃一些短期利益，要求员工为了共荣的生存状态，能够对自己的岗位更加尽心尽责。以往即使企业家有类似想法，大多在实践中也是有心无力的。而在企业数智化转型日渐普及的今天，我们终于看到了用技术保障新商业理念推广的希望。

- 在数字科技领域，需要从"人本"的角度重新规划企业的数智化转型和组织变革之路。当下的企业数智化转型普遍以"加强控制"为目标、以"机器替代人"为最终解决方案。这样的改革，在现实中往往受到抵制。因为这种所谓的变革拉开了个体间的福利差距，显然无法实现更美好的商业前景。而从"人本"角度以量子思维为指引来设计和推进企业的数智化转型,不但有助于减少变革阻力,而且可以帮助技术在正确的方向上发展。

(二) 一项系统性的变革探索:从量子力学到数字商业革新

在图1-2中可以看到,在过去的百年里,量子力学的科学发现如何深刻影响了我们的世界观,并由此引发了我们对管理学和商业策略的全新思考。

图1-2的第一行列出了近百年来量子力学物理发展过程中,科学家所做的那些奠基性实验和他们从实验背后发现的一系列违背经典物理学的新科学结论。当然,我们这本书因为篇幅限制无法具体为大家讲述这方面的内容,但如果你着实对量子思维和量子管理感兴趣,还是希望大家补充一下这方面的知识:建议你可以把第一行中的词语作为关键词进行搜索学习;当然,如果有时间,还是建议阅读物理学家和专业科普作家的一些入门书籍,我们推荐李淼的《给孩子讲量子力学》或曹天元的《上帝掷骰子吗:量子物理史话》。

走近量子力学的人,大多会开启对世界本质的新思考。因为量子力学揭示出在微观世界中遵循一套完全不同于宏观世界的规则。这就不得不让我们反思,世界可能并非如我们以前想象的那样,而是可能同时遵循着两套微宏观交融的规则。沿着这种思考路径,我们似乎可以为以往很多无法解释和预测的商业和管理现象找到原因:我们用错了规则系统。当涉及与人相关的分析和管理时,现象显得尤其明显。那么,有没有一种可能性,量子规律才是分析与人相关系统的更好方法呢?

我们人类和人类社会,会不会更接近于遵循量子规律呢?毕竟,与社会相比,人是微观的;与宇宙相比,社会是微观的。根据同济大学周箴教授的多年研究总结,这种新的量子世界观可以被主要归纳为三个方

第一章 不确定性商业时代，新型组织显威力

量子力学重要实验（结论）	双缝干涉实验（波粒二象性，观察者效应），黑体辐射实验（能量子假设），光电效应实验（能量子态），贝尔不等式实验（量子纠缠），薛定谔方程（概率分布，量子纠缠，态叠加），量子霍尔效应实验（超导体的凝聚态）										
量子世界观	整体观（态叠加、互联、非定域性）			关系论（纠缠、熵减）			不确定性（概率、有限控制）			
量子管理理念	引导向善	共荣	贴近客户	创新	开放	包容	群体参与	迭代		
组织建设方法	价值认同 1 2 6	合理分配 3 4 5 6		激发员工潜能 4 5 6		高维链接 5 7	异构合作 3 8	信息平权 6 7	个体赋能 5 7 8 9 10	
具体案例：海尔	1 以客户为中心	2 生态品牌战略	3 共赢增值表	4 人单合一计分卡（关差管理）	5 新创投机制（数据+对赌）	6 人人都是CEO	7 卡奥斯数字平台	8 链群合约体系	9 人财法共享服务平台	10 离散生产线生产设备

图1-2 量子力学的科学发现如何影响了我们的世界观

面的特殊与不同，也就是图 1-2 中的第二行列出的三个核心概念：整体观、关系论和不确定性。那么，这些由量子思维所推导的概念，又是如何逐渐影响我们对商业和管理的看法呢？

- 因为我们认为世界是整体的，我们才会真心地把"实现整体共荣"作为最终的发展目标。所以，我们才开始要求商业不仅仅局限在赚取利润上，还要能够引导人们向善。

- 因为我们认为每个企业组织都与外部环境、与个体存在不可分割的、千丝万缕有机相连的关系，我们才会得出结论：组织只有通过开放、创新才能基业长青。而要做到这一点，组织就要有技术、有能力，能够与不同特质的外部组织、个体进行兼容合作。

- 因为我们认为世界的最终微观本质是不确定的，我们才会感悟到，所谓确定性控制只是人类一种一厢情愿的错觉。在宏观层面的有效控制，一旦越过了某个极限，就是白白地浪费成本。也正因此，我们才会衷心倡导企业组织的决策能够分布到更多有能力的群体中去，借助不同的信息和视角，来尽可能地接近量子整体的全息真相。同时，我们才会主张"不要把成本过度浪费在实现确定性控制的虚幻"上，对失败、对变化要有一定的包容能力，并能够及时应变，即所谓的迭代能力。

在此基础上，我们又从三个量子本质特征分别推导出新时代组织建设的八个原则性方法，如图 1-2 中第四行所示。这八个原则同样来自对我们身边很多成功企业案例的总结。但值得注意的是，相比于第二、三行内容会相对稳定，第四行的组织建设新方法是权变的，仅供参考，它们需要企业根据自身情况再完善优化，而不是被机械地复制。

在图 1-2 的最后一行，我们以海尔为案例做了简单的分析和关联，目的是说明海尔成功背后的量子组织建设和思维逻辑。此处把海尔的管理特色罗列出来，并且将每个特色管理方法所涉及的组织建设方法都以序号标记做了关联。这里几乎囊括了当前海尔主要的组织管理实践方法，包括早期大家熟知的"人人都是CEO"，这几年比较火的"卡奥斯数字平台"，但有意省略了其在车间里一直在施行的6S㊀和OEC（主要因为这块涉及员工素质提升的管理，每家企业都在做，量子管理特征不够明显）。

当然，图1-2的最后一行也可以换做其他企业案例来对照分析。比如胖东来、晨星、美的等企业，我们都会看到它们的实践与量子组织建设方法是多点关联的，而且每种做法都能归类到背后的量子思维逻辑。此处主要是希望向大家直观地说明一个道理，即"这是一项系统性的改造工程"，不仅涉及新的商业逻辑，关于企业使命意义的新理念，还涉及新的技术来保障组织机制的运行。

换句话说，像海尔这类成功的生态平台企业，是需要一系列管理支柱来共同支撑的。如果仅仅依靠单点突破的方法，也许能够短期内复制它的成功表象；但我们如果真心希望改革效果持久，就一定要考虑持续的变革。更重要的是，这种管理改革不仅是技术上的创新，更是文化上的进步，因为它能够增强组织对年轻人的吸引力。年轻人通常对新的管理模式更加敏感，更愿意尝试并适应快速变化的环境。唯有能够持续吸引年轻人才的企业才能可持续发展。所以我们说，"这不只是一场简单的管理革新，更是一次商业文化的深刻变革"。

㊀ 海尔的6S是指其在生产现场管理方面的创新，即整理、整顿、清扫、清洁、素养、安全。

CHAPTER TWO
第二章

量子思维倡导共荣，
与东方文化相契合

现代商业世界中，一切都在迅速变化，传统的二元逻辑已经不足以解释现实，也无法区分众多的细微差别，捕捉各种可能的机遇。这也促动一部分人开始用量子态来解释当今的商业环境。在量子物理学中，粒子可以同时处于多种状态，直到"被观察"时才确定下来。这种物理机制让一部分商业领袖意识到，他们的公司和产品也可以同时探索多种可能性，直到找到最适合市场的那一种。

最初，人们对量子思维感兴趣，是因为它能够更有效地解释商业世界内生的不确定性现象。但随着时间的推移，研究重点转移到了如何运用量子思维来应对这些不断变化的商业竞争。当我们谈到量子思维时，我们其实是在谈论一种全新的看待世界的方式。想象一下，你是一个冲浪者，在大海里起伏不定的浪尖上寻找平衡。这就有点像量子思维——它教会我们在不断变化和不确定性中寻找机遇和可能性。

一、从尊重个体到共同繁荣，量子思维底层逻辑中的人类可持续

（一）量子思维与量子力学

量子思维究竟是什么呢？智能合约的概念提出者、区块链专家尼克·萨博在他2012年8月的一篇博客中写道："量子思维是一种可以让人同时考虑两个相互矛盾假设的思维方式。"传统二元对立思维要求我们每

次思考只能做单一假设,这会让人们在思考和交流过程中产生确定性的错觉;而现实是量子态的,如果你不能掌握这种允许两个以上矛盾态叠加的思维方式,你的想法就不值得他人共情。

这是萨博基于自身阅历对量子思维进行的深刻诠释。但对于我们大部分"小白"来说,姑且先把量子思维当作基于量子力学理论推理而得出的一种新想法和新观念。相比传统科学思维基于线性和确定的观念来分析事物的发展规律,量子思维接受并鼓励拥抱不确定性、非线性和复杂性,是一种更加动态、开放和非线性的思维方式。所以说,量子思维是一种更科学的思维方式!

科学思维并不是一成不变的,而是一直随着时间在演变。古希腊的亚里士多德、阿基米德等科学家们开启了探究自然法则的旅程,文艺复兴时期的哥白尼和伽利略等科学巨匠勇于用生命挑战当时所谓的常识,牛顿和达尔文等现代科学家则通过他们的思想和发现,不断推进我们对世界的理解。每一次的科学进步,既是技术的进步,更是思维的科学进化,是对旧思维的更新甚至颠覆。新思维也为我们提供了更全面、更准确的世界观。虽然上述提到的这些名人在关于"地球是什么样的"这一看似简单的问题上无法统一各自的答案,但他们在探寻过程中都秉持了同样的"科学思维":让人类能够最大限度地理解和解释客观现象和规律,让人类的知识系统能更趋近于真理。史蒂芬·霍金在《时间简史》中对"什么是更好的科学思维"做过解释:它应当具有普适性、稳定性和预测性。这意味着,如果一种新知识系统能够适用于广泛的现象,被不同的人在不同的时间和地点重复验证,并能够更好地预测未来的发展,那么它就是更先进的科学思维。

在具体讨论量子思维之前,我们需要先了解一下量子力学已有的新发现。这就像做饭,我们需要了解有哪些食材。但需要说明的是,量子力学是一门非常复杂的新兴学科，下文的介绍只是为了让大家更好地理解而做出的浅层次描述，需要大家更多地阅读相关书籍后深化认知。

1. 量子：能量的最小单位

想象一下，你正在三亚的海滩上享受着温暖的阳光。你或许会觉得阳光是平滑而连续地照射在你的皮肤上的，但事实上，阳光是以一份一份不连续的能量照射到我们身上的，因为其每份所包含的能量非常小，以至于我们几乎区分不出来，而感觉到的是连续的阳光照射。这就是量子力学发现的奥秘。一百多年前，科学家们发现了一些奇怪的现象，而且无法用经典物理学来解释它。这其中就包括著名的黑体辐射实验，用经典物理学理论计算出的曲线无法完整地吻合实验数据，由此引发了"紫外灾难"。于是，量子力学诞生了，帮助我们逐步揭示了这个世界在微观层面的运作方式。

量子力学的开端来自一个数学方程，它由一位名叫普朗克的科学家构建而成，很好地解释了黑体辐射实验数据。但当人们试图从方程的数学形式中寻找现实生活的物理意义时，发现它提出了一个非常反直觉的概念：能量并不是平滑地流动，而是一小份一小份地传递。这些小份称为"能量子"，每一份的大小由频率（v）和一个非常小的数字——普朗克常量（h）决定。这个常量的值是 $6.62607015 \times 10^{-34} \mathrm{J \cdot s}$，非常小，这也是我们肉眼感受不到这些能量逐份传递的原因。

2. 量子的不确定性原理

但量子力学不仅仅是关于如何传递能量的。随着普朗克常量的发现，海森堡等物理学家后来又给出了一个推理不等式，$\Delta x \Delta p \geq h/4\pi$。其中，$\Delta x$ 和 Δp 分别表示物质的位置和速度（或动量）变化。$h/4\pi$ 是一个常量，这个公式告诉我们，对物质的位置和速度（或动量）的了解有一个极限。这就是著名的"海森堡不确定性原理",它的意思是,在微观层面,我们无法同时精确地知道一个粒子的位置和动量。

量子力学对我们理解自然的影响是巨大的。就连理查德·费曼,这位物理学和数学的天才都说过:"谁要是说自己懂了量子力学,那他就是真的不懂量子力学。"这句话反映了量子力学的反直觉性,以及它对现实世界不同于经典科学思维的深刻描述。

3. 量子的本征态与叠加态

没过几年,科学家就通过实验方法验证了"海森堡不确定性原理"。他们发现了一个"奇怪现象",当我们用科学的方法去"观察"微观世界时,粒子似乎会在与观察者展开对话之后选择一个状态来呈现,物理上把这个最终呈现的状态叫作"本征态"。这就好像是,物质微粒的本性是在多种可能性状态叠加下模糊不清的,直到你去看它们,它们就在与你开展对话的刹那间呈现某一种特定的状态。关于产生这种现象背后的机制,科学家们至今仍然争论不休。可能如哥本哈根学派的物理学家们所说的,我们的世界本质就是不确定的;也可能如爱因斯坦所认为的,人类由于受所在三维空间等因素的限制,无法获得全部知识和信息进行确定性的分析。

4. 量子力学不仅仅是微观世界的规则

有一点是肯定的,量子力学现象不仅仅存在于微观世界。量子鼓等实验显示,即使是在我们可以直接感受到的宏观世界中,量子现象也可能是真实存在的。区分量子态与经典态的界限并不是尺度,而是遵循哪一种规律:遵循量子力学规律的就是量子态,遵循经典物理规律的就是经典态。这就让科学家们开始思考:那些我们用经典物理规律无法解释的复杂现象,是否就可能是量子效应的结果?这种思维方式正在悄然改变我们对社会学、生态学等复杂学科的理解方式，尤其是与人相关的社会学分析。

5. 量子力学带给社会科学的一点启发

量子力学让我们认识到，尽管我们可能永远无法完全理解它，但它确实在塑造我们所生活的世界。它鼓励我们去接受世界内禀的不确定性，并尝试用新的方法探寻宇宙中的规律和意义。它告诉了我们一个基本的真理：我们这些三维的碳基生物，正生活在一个由量子规则编织的、充满各种可能的世界里。

（二）量子的影响，从自然科学到人文和管理科学

1. 从自然科学界向外渗透的量子革命

科技界正经历着一场量子革命。从量子加密通信到超导材料，再到那些构成电子设备核心的半导体芯片，都是量子世界的产物。这听起来可能像是科幻小说的情节，但确实都已经是我们现实世界的一部分。

更有趣的是，量子浪潮不仅仅在物理世界引起波澜，也在逐渐渗透进入人文学科的底层逻辑。想一想：如果微观世界的行为能够影响我们的通信和电子设备，那么它是否也能够深入到我们理解人类行为的方式中呢？

著名的国际关系建构主义学派的鼻祖亚历山大·温特，就在推动这种思潮。在 2015 年出版的《量子心灵与社会科学》中，他提出了一个大胆的主张："传统的社会科学模型，如理性选择理论，基于经典物理学的假设，这些假设可能不足以完全解释人类行为的复杂性。建议采用量子理论的某些概念，如非定域性、纠缠、潜在性和观察者效应，来发展更为精确的社会科学理论。可以使用量子理论的概念作为隐喻或启发性工具，以探索社会现象可能的新解释。"简单来说，就像量子物理学告诉我

们的：微小粒子的行为超出了经典物理逻辑；对人类行为无法预测的结论，或许也正是因为我们用错了法则。如果这个想法正确的话，通过导入量子理论中的一些思想和概念，有可能开发出更加准确的社会科学模型。换句话说，如果我们想要真正理解人类社会的运作，那么我们必须用量子机制重新研究它。

温特的观点并不是孤立的，早在半个多世纪前，量子物理的重要理论奠基人大卫·波姆就曾经用非定域性和量子纠缠的概念来解释思维活动："思维过程本身有一种类似量子过程的特性，这意味着思维不仅仅是大脑活动的产物，更是与更大的'心智秩序'在相互作用。"诺贝尔物理学奖获得者罗杰·彭罗斯在他的著作《皇帝的新脑》里也提出了一种假设，即人脑中的微管结构可能是量子过程发生的场所，这些量子过程与意识的产生直接相关。

如果人类大脑的活动机制真的符合量子力学的法则，那么我们的思想和决策过程不就是量子计算的一种形式吗？想象一下，每个人的头脑就像一台超级复杂的量子电脑，所有的自由意志决策和社会互动可能都带有量子的痕迹。为了真正搞懂这个超级复杂的人类互动"游戏"，我们不仅需要传统的社会科学游戏规则的帮助，还需要量子规则的帮助。

2. 对量子思维的深入认识

那么量子思维与传统经典科学思维最大的不同是什么呢？简单来说，它包含了一种接受不确定性和复杂性的开放态度。我的导师周筱教授曾引述纽约大学——华东师范大学联合物理研究所中方所长黄国翔教授的观点："我们必须承认微观运动具有内禀量子随机性。"将这一思想进一步扩展应用到社会科学领域，那就要承认"人的选择和行为具有一定的随机性，虽然我们在粗略尺度上可以规制人的选择和行为，但到了一定极限情况下，这些选择和行为就是无法被精准预测和控制的"。这就是我们所称的"有限度地承认人的主观能动作用"。这里面至少包含了三层具体含义：

1）首先是破除"决定性因果链"思维框架的束缚。想象一下，你手里有一本神奇的预言书，只要翻开它，就能知道未来会发生什么。直到如今，不少自然科学家还自信地以为他们最终将掌握这样一本书。他们认为，如果知道了星星现在的位置和速度，就可以准确预测未来天空的样子。这个想法来自一个叫拉普拉斯的法国天文学家，他在19世纪初深受牛顿引力理论的成功启发，极其自信地宣称，宇宙内的每一件事情都是可以被计算和预测的——就像一个巨大的宇宙齿轮机器。拉普拉斯甚至认为，人的行为也是可以预测的，因为他相信，所有的事情都受到了一些看不见的科学定律的控制。受这种想法的影响，社会科学家们也开始努力寻找数据和模式，试图像处理物理问题一样来解决社会问题："用科学的方法去除不确定性"成为现代社科的主要目标，"用数据方法研究变量间的因果关系"成为重要的科研手段。

但是，现代量子科学告诉我们，世界并不简单。有个叫作不确定性原理的概念，它打破了我们对绝对因果关系的幻想。想象一下，你想拍照留住一只在悠闲游泳的水母的美丽瞬间，但你每次用摄像机靠近时都会让水母改变游动的轨迹。每次观察和计算都可能改变事物的状态，观测（干扰）使原对象开始了一个"新的纪元"，而且这个新的结果又会作用于其他体系，从而在更大范围内造成重大影响。

这也是蝴蝶效应的形成过程：南美洲一只蝴蝶扇动翅膀，结果可能引发北美德克萨斯州的一场龙卷风。从计算机算法来看，这种推算是一种无限递归，即 $F(x_{t+1})=F(F(x_t))$，其中 $x_t=F'(F(x_t))$。要得到未来 $t+1$ 时刻的状态，算法需要把现在时刻 t 的所有参数带入并先计算 $F(x_t)$，但计算 $F(x_t)$ 又会影响 t 时刻的状态，所以递归计算是无穷无尽、无法达成的。这意味着,我们永远无法完全预测未来,只能尽力跟上变化的步伐,努力使我们的预测不要偏离太远。因为在量子力学理论中,干扰是无法被排除的,且每一次干扰必然存在些微差异,所以不确定原理的实质是,否定了长期因果之间"直接、刚性、绝对、可重复"的属性。

2)其次是彻底接受新想法:作为个体,人就是量子态的。虽然我们人类处于宏观状态,并非像量子粒子那样的微观物体,但是个人的行为和选择却时刻像是处在量子态一样,当一个行为完成后,个体同时也通过"自我发现"增添了新的属性,改变了下一步的行为。所以,人的意识和行为游走在量子/经典临界,具有不确定性和整体性。换句话说,就像量子粒子在多个可能状态之间悬浮,我们的行为和决策也不是一成不变的。我们每时每刻都在做选择,这些选择会受到我们的情绪、周围环境和突发灵感等无数因素的影响,这些选择也在不断塑造"新的我们"。丹娜·左哈尔在《量子与生活:重新认识自我、他人与世界的关系》一书里曾给出一个小孩子制作陶罐过程的案例:孩子的陶罐诞生于他的大脑量子系统与外部客观环境的自由对话中,这场对话发生在陶罐许多可能的叠加态与许多美的理念的叠加态之间……孩子制作陶罐的整个过程是一系列自由决定的过程,产生制作一个陶罐的想法是第一个自由决定的过程,然后是产生制作这种特殊类型陶罐的想法,再然后决定将陶泥这里挤进去一点,那里捏圆一点……所有的量子系统都通过与环境的对话来共享这种创造性的自我发现的机制。所以,任何创作的结果都不可能是单纯主观或单纯客观的,一定是由两者之间的对话而共同造就的。我们不能像对待预设程序的机器那样预设一个人的反应。每个人都是独一无二的,我们的行为和选择是我们个人责任的体现,因此需要鼓励每一个人为自己的行为负责,不断积极地自我反省和改进,最终共同创造美好的未来。而要实现这个目标，单纯靠对个体的说教或启发是远远不够的，如果想要激发人们更好的行为，我们必须从社会和群体的角度出发，创造一个正面的环境和氛围，来鼓励群体中的每一个体发展和做出积极的选择。

3）最后，不过分夸大某个具体行为或者环境对最终结果的决定性作用。我们必须认识到，尽管我们可以通过积极的行动来改变未来，但我们所能起到仅仅是扰动作用，未来并不完全在我们的掌控之中。就好比我们试图通过微小的扰动来影响一个量子粒子的轨迹，但这个粒子最终会去向何方，仍然受到整个宇宙物理法则的制约。这点其实在告诫我们，尽管努力很重要，但谦逊和准备面对意外更重要。所谓："时也，命也；慎始，善终；尽人事，听天命。"

对比一下，我们的父辈和我们这一代对待子女成长有不同的态度。在过去，父母们通常会期望孩子在学术上取得优异成绩，其他的兴趣和活动往往被视为分散注意力的干扰。然而，现在的我们更加重视给孩子们全面的成长环境，不仅仅是学业上的提升，更加注重他们的个人体验和生活阅历。父辈重结果，我辈重过程。这会不会也是一种量子思维在暗暗地替代传统思维发挥主导作用呢？

3. 量子思维对管理的启示

在接受了人类个体本质上的不确定性之后，我们如何以一种科学的方式推动文明的稳定发展和生产力的持续提升呢？这个问题的答案多种多样，关键还是取决于你的思维模式。传统科学思维与量子科学思维各自的管理逻辑见图2-1。

传统科学思维认为世界是稳定的、确定的，因此很容易让人产生"一切都可以被预测和控制"的幻想。它采用的方法通常强调通过"外部监控和约束"来维护秩序，这在现代管理学中得到了广泛的应用，如标准

第二章 量子思维倡导共荣，与东方文化相契合

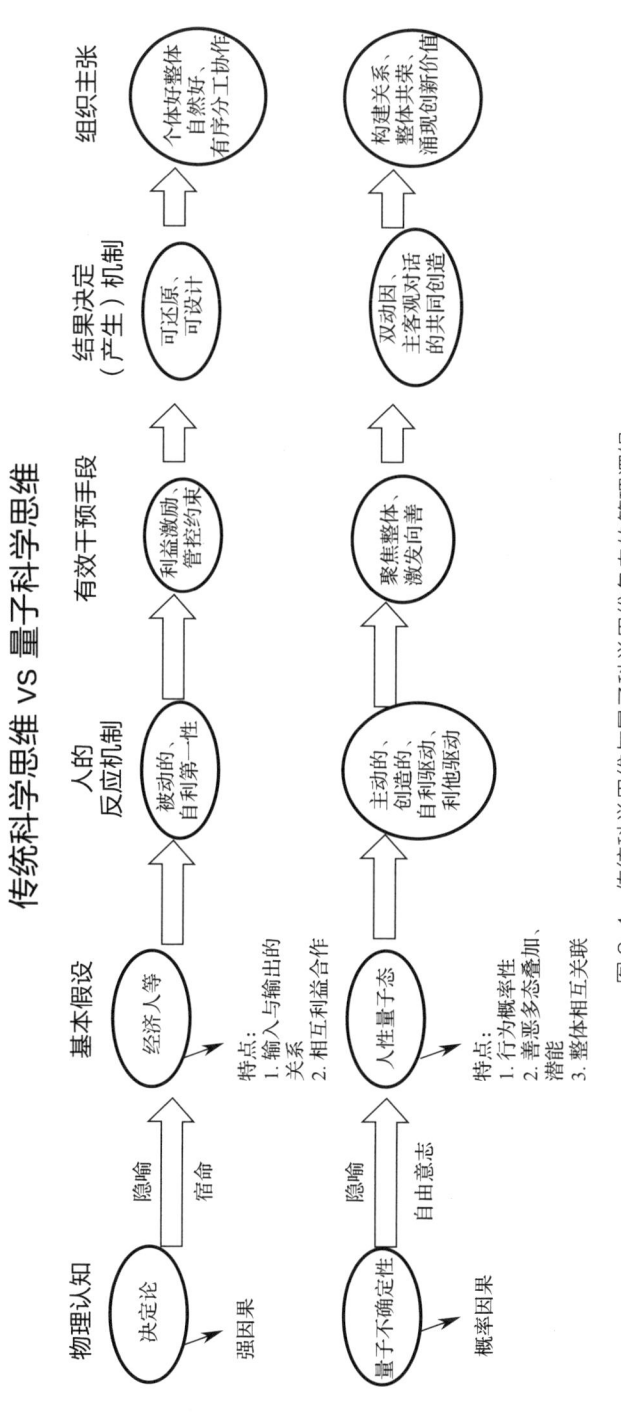

图 2-1 传统科学思维与量子科学思维各自的管理逻辑

流程、规章制度等，这些做法的确在一定程度上提高了效率和生产力。但是，随着科技的进步，对监控的依赖逐渐增加，以至于个人隐私和自由受到侵犯的现象越来越普遍。比如，亚马逊公司2019年4月被曝出使用AI（人工智能）系统监控员工的效率并据此自动做出解雇决定，中国南京建邺区2020年3月被曝出要求环卫工人佩戴能够发出工作提示的智能手环，还有杭州某公司2021年1月被曝使用智能坐垫来监控员工在岗时间的事件。这些例子都反映出对数字化监控的依赖可能会失去对人性的尊重。

量子思维作为一种更现代的管理思维，认为世界是动态的、不确定的。因此，个体的不确定是不可能被消除的，我们需要接受这种现实，并尽力引导这种动态不确定性朝我们希望的方向发展。这就需要激发每个人的创造力和主观能动性。换句话说，量子思维支持的管理思维是激发个体的积极潜能，而不是简单地压制或忽视个体的价值。

总而言之，量子思维倡导我们要接受不确定性，学会在变化中找到自己的道路。我们的选择和行为就像是在一个充满可能性的海洋中航行，虽然不能完全预知未来，但我们可以掌舵，引导自己的生活航向。同时，我们还需要构建一个支持性的社会环境，帮助每个人都能发挥出最好的潜力。就像热带雨林一样，每一棵树、每一株草都是生态系统中不可或缺的一部分，只有激发个体的生命力，整个生态才能茁壮成长、生生不息。我们的社会和文明也应该如此，不断地鼓励和激发每个人的潜力，以此塑造一个更加多元、包容和可持续发展的未来。

二、"共同繁荣"的量子思想，无法在西方成为主流意识

（一）量子思维在西方萌芽

1. 量子思维能更好地假设经济学的第一性

以现代经济学为例，其很多理论都建立在市场机制之上，例如国际

经济分工和效率市场假说。但这些理论中都蕴含了两个最关键的基本前提假设："经济人"和自利利他机制。而这两个不再恰当的假设，恰恰成了经济和管理等人文学科"思想打架"的根源。

"经济人"假设让我们相信，人们总是能够做出最大化自利的理性决策。然而，生活告诉我们，人的选择往往是情感、本能和利益综合的结果，并非完全源于理性。想想看，你上一次做决策的情景，你列出每个潜在方案的有利不利因素，并进行打分判断了吗？大概率是没有。我们的决定其实是受到很多个人内在因素影响的，比如情绪、直觉，以及我们认为重要的那些东西。就拿我自己的例子来说吧，三年前我给女儿报名了轮滑辅导班，这个决定并不是因为我做了一个详尽的成本收益分析，而是因为我直觉上认为这是一个好主意。没有人向我保证她一定会得到奖杯，也没有人说这能保证她提高身体协调性。但是当天我可能心情很不错，就想："嘿，为啥不试试呢？"如果那天我心情不好或者太忙的话，我可能就根本不会考虑上轮滑课了。

这就引出了另一个有趣的点：我们的决策其实是不稳定的，就像量子力学中的粒子一样，存在于多种可能性的叠加状态中，直到我们做出选择的那一刻，它才坍缩成一个确定的结果。这就像你在餐厅里翻来翻去的菜单，脑子里想象着各种美味，直到你告诉服务员"我要这个"之前，你的决定都是不确定的。所以，当我们说"像经济人那样决策"时，我们是在简化一个实际上非常复杂的过程。我们是有血有肉的人，我们的决策也一样是有血有肉的。这就是人类的美妙之处，我们复杂，我们不可预测。而且，有时候我们的决策机制更符合量子力学，而非传统科学。

至于"自利利他"机制，它假设人们帮助他人是基于最终会惠及自己的远期利益。但现实中，许多利他行为并不是出于对未来回报的精心计算。想想看，2008年汶川地震的时候，你是不是毫不犹豫地捐出了一些钱？那时候，你真的在想将来自己会如何得到回报吗？相信很多人像我一样，只是简单地想要帮助那些需要帮助的人。我们去年面向小学生开设了一门公益编程课。我们之所以这么做，并不是因为我们期待未来的利益回报，而是因为我们正好有一些双语的Python游戏编程案例，想要分享它们，觉得这门课程会有助于激发孩子们对科技的热爱和创造力。这是一个单纯的想法，一种想要给更大社群做贡献的冲动。是的，这样的行为确实让我们的心灵得到了满足，但那并不是我们行动的原因。

我们常常看到，人们做出利他的选择之前，并没有经过深思熟虑的经济计算，而更多是一时的冲动，一种本能的推动。这些行为的成本是明显的，而所谓的回报则是充满不确定性的。如果人们真的都在算计利益得失，那么许多伟大的利他行为根本就不会发生。那么，是不是也存在一种可能，在我们与他人、与宇宙之间，存在着一种深层次、非直观、非定域的联系——一种量子纠缠般的联系？当我们把个人利益放在一边时，也许正因为感受到了这种与宇宙的连接，我们才主动地为一个"更大的整体"做出了贡献。

2. 量子思维能更好地解释社会、政治、经济和管理行为

当我们运用量子思维来观察社会时，或许能更全面地理解人类行为。不再是通过传统的"经济人"假设，我们可以将人看作"会衡量经济性的复杂社会人"，人们的利他行为也不再是出于自利，而是一种可以被唤醒的潜在力量。这样的视角可以帮助我们理解，为何在外界看来损人损己的行为会在某些国家获得广泛支持，为什么国与国之间在经济格局变化不大的情况下，外贸政策在短期内却突然发生了跃迁式的重大转向。传统的利益分析无法解释这些现象，但如果我们从量子思维的角度来看，就能更清晰地看到大众情绪的变化和行为的动机。量子思维告诉我们，人们内心深处的善良潜质有时会被压抑，而恐惧和仇恨的情绪也会被放

大。当这些负面情绪起主导作用时，社会的行为模式也会转变。虽然我们还远未完全理解这种思维方式，但这是一个有潜力的开始。

再让我们看一下量子思维给管理领域带来的变化。丹娜·左哈尔教授在20世纪90年代提出了一种全新的领导力理论——量子领导力。就像量子科学中的粒子互动一样，她认为领导力真正的"魔力"来自促进团队成员之间的相互作用，因为这种相互作用能够创造出超乎想象的价值。想象一下，一个优秀的团队可以做出的成绩不仅仅是其成员单打独斗的总和，而是有更多的成果涌现。所以，量子领导力就是促进个体成长、促进组织学习、促进团队合作的组织发展能力。还有玛格丽特·惠特利，她的《领导力与新科学》一书的出版时间同样早在20世纪90年代，她在书中不仅探索了领导力与混沌理论、量子物理和生物学之间的联系，还预言到传统的"命令与控制"模式在未来复杂多变的商业世界中会变得行不通。而这一切似乎正在被验证。惠特利鼓励领导者拥抱更加动态、互联和创新的思维方式。在她看来，领导者的真正角色是培养团队之间的沟通和协作，而不是单纯的控制。再看看马斯洛，大家都知道他那著名的需求层次理论，但他人生的最后几年其实还做出了重大理论拓展，在原来最高层的"自我实现"上方，又增加了"超越自我"（self-transcendence）的层次。这个新层次是在告诉每一个人，个体的追求可以突破自我的各种利益，关注帮助他人和为更大的集体目标做出贡献。这听起来是不是很有量子领导力的味道？没错，丹娜的先生曾经就在马斯洛的实验室担任助手。但这种超越自我利益的思维为何没有像他的需求层次理论那样广为人知？可能是因为它和西方世界长期以来"自利最大化"的主流思想不太吻合。

3. 量子思维在西方萌芽却无法开花结果

温特先生主张"使用量子理论的概念作为隐喻或启发性工具"，这是在社会科学领域研究的一个重大建议，但类似想法在西方其实早有渊源。斯宾诺莎、黑格尔和海德格尔等哲学家的思想，都有着量子思维的浓厚意味，但直到今日却尚未在主流意识中占据一席之地。丹娜·左哈尔在20世纪90年代就出版了关于"量子思维"理论的著作，但直到张瑞敏2016年宣布自己过往十多年的企业管理实践思想与她的想法存在高度一致性之前，丹娜的思想也始终没有在西方思想界产生大的影响。

这背后的原因是深刻而且复杂的。最主要的原因可能是，如果用量子理论来审视社会科学问题，意味着我们必须改变根深蒂固的已有思维方式。我们必须否定理性人或者经济人的简单假设。个体不再像简单的机械装置一样运作，不再是为了单一目的而行动，不再像机器一样可预测。这种转变会让人文学科思想模型中的人更加贴近现实生活，但这种转变并不是一件容易的事。

（二）传统思维成为阻碍共同繁荣的根源

事实上，一直以来的传统科学思维，那种把社会中个体的作用简化成机械小齿轮的思维，目前已经成为社会进步的最大阻碍。因为在传统科学思维的逻辑里，往往将成功归功于少数人，而忽视了大众的集体贡献，进而把人分为"精英人""普通人"的对立团体。这是一种极大的误解。当社会崇尚的是分裂而不是整合时，量子思维所主张的人类共同繁荣和可持续发展也就成了海市蜃楼。那么，传统科学思维又是如何误导人们的认识、阻碍社会发展的呢？主要通过以下三个具体步骤来发挥作用。

- 第一步，引导大众忽视群体在自主性和创造方面的作用和贡献。如果把社会看作一座巨大的钟表，那么传统的看法是，只有那些看起来很重要的"机芯"，或者说是社会精英，才是让钟表运转的关键。这种思维模式让我们忽略了一个事实：每一个小齿轮，也就是社会中的普通人，都有自己的价值和创造性。就以微信为例，很多人可能会认为微信的成功依赖于像马化腾或张小龙这样的创造者。但实际上，微信的成功是众多微小贡献的累积结果。还记得那个火爆的微信小游戏"飞机大战"吗？或者是"摇一摇"和"朋友圈"这些让微信一跃成为社交巨头的功能？我们往往会忽略这些功能背后团队成员的辛勤工作。而如果我们只是把成功聚焦在少数几个人身上，就会错过学习其他人经验的机会，也会在财富分配上不公平地对待那些在幕后默默奉献的人。

- 第二步，导致大众对市场机制在可持续发展中的作用产生误解。市场机制在许多人眼中被塑造成了一种只有赢家和输家的游戏。但其实，市场本应是一个让每个人都能分享繁荣的系统，市场的最终目的是"可持续的繁荣"，而不仅仅是高效达成一致的磋商手段。市场的本质是通过公正的磋商，让每个人都能得到他们参与劳动的公平回报。随着科技进步和信息流动的加快，我们本来想象能够看到更多的选择和更少的信息不对称，保障每个人都能够公平地参与市场。然而，现实中强者往往利用自己的优势来获取更多利益，而忽略了弱者的合理利益。技术甚至成了某些人胁迫弱势群体的手段，而"有办法、有能力"让对方接受更少的回报，居然成了一种管理智慧的表现。但现实是有其自然客观规律的，一切"吃饭砸锅""树立对抗""破坏可持续共同繁荣"的行为总会在某个时刻收获恶果。就像胖东来超市的创始人在 2024 年新春伊始所说的："工资低的企业不要谈管理，月工资 1800 元，你说你还要管理，稍微管一下，员工就不干了……工资低了，你就要去求着员工，干活的员工都已经是在给你面子了。"据统计，最近几年，每年去许昌向胖东来学习的都有上百万人次，但真正能再次复现胖东来成功的企业有几家？如果企业不能给员工足够的利益和尊重，那么成功就是难以复制的。这种对市场机制的误解和滥用，不仅会导致劳资关系紧张，还会抑制员工的积极性和创新能力，最终损害整个社会的利益。我们需要意识到，市场机制不仅仅是竞争和谈判的工具，更是实现共同繁荣和持续发展的基石。

- 第三步，引导大众忽视反身性的负面影响对整体可持续的破坏。"反身性"是索罗斯提出的概念："在任何包含有思维参与者的情景中，参与者的思想和现实情况之间存在着一种相互影响的关系。"想象一下，你在玩一个角色扮演游戏，你的每一个选择都会影响游戏的后续剧情，而游戏的剧情又会影响你接下来的选择，这就是所谓的相互作用、相互影响。这意味着，如果人们在现实生活中感觉到不公平，他们可能会在下一次机会中做出完全不同的行为选择，有时候甚至不惜损害自己的利益来报复。这种行为在工作场所尤为常见。扪心自问，如果在工作中感觉被压榨，那么你会不会仍然不计前嫌地拿出最好的表现？

这几年，中国企业大力推动数字化变革，但管理专家们似乎发现了一种现象：一些员工会做出看似违背自己工作利益的事情，并为此专门起了个名字——"反生产行为"。这些"反生产行为"实际上是员工对工作变革的一种抗议。

问题的根源还是在于那些负责推行变革的人，也就是管理层。他们往往只看到变革光鲜亮丽的一面，却忽略了对员工日常工作的真实影响；往往只关注对员工及管理情景的变革，却忽略了对管理者自身及其管理理念的变革。有时候，他们甚至有意无意地牺牲了一部分员工的利益来实现所谓的"大目标"。最糟糕的情况是,当员工反馈他们的顾虑时,管理层可能根本就没有准备合适的解决预案。这就像是在一场游戏中,团队领袖没有听取队员的策略建议,却一味要求队友"送人头"。结果往往就是失败,因为合作精神被忽视了。新时代出现了很多通过技术手段和平台进行合作的新组织形式,但无论形式如何变化,都不能忽视反身性的负面影响对整体可持续性的破坏。比如,曾有媒体发现,浦东机场的某个停车位上被放置了多个手机,而且都登录了滴滴账号。起因是附近的司机联合成了一个小团体,通过多账户登录的方式营造附近区域司机满员的假象,通过数据造假来减轻自己在本区域的接单竞争压力。而且这些司机普遍不感到羞愧,因为他们感到被平台压榨了,而自己的行为是对平台高额抽成的一种反击。

(三)量子思维有助破局

把人当作工具或简单机械化的观点造成了当今世界的一系列麻烦。因此,一些前卫的思想家提出一个大胆的想法:如果我们把人类行为看作量子世界中粒子的行为,充满不可预测性,那会怎样呢?这个想法源自一个简单的事实:就像量子粒子一样,人类行为是复杂且多变的,不可能简单地用机械的规律来解释,也无法"只要他们的手脚而不要他们的头脑"。借用量子理论的观点,我们可以尝试用一种新的方式来理解人在社会这个大系统中的行为。这种新的模型,比起老旧的方法,可以更准确地描述和预测人的感知、反应和行为。

不过,要实现这一思维转变并不容易。传统的思想框架,如牛顿的经典力学,已经根深蒂固地存在了几百年,曾在工业革命时代成果斐然,并且铸就了整个自然科学体系。因此,人们很容易陷入这样的误区:只要我们的知识足够先进、信息足够完备、计算能力足够强大,就能解释一切事物的因果关系，甚至预测未来。

然而，量子力学的出现挑战了这种确定性的观念。哥本哈根学派认为随机性是量子世界的一个基本特征，这意味着某些事情的不确定性可能永远存在。这个观点受到包括爱因斯坦在内的许多传统科学家的反对，爱因斯坦至死都坚信物理世界是有序且可预测的，并留下了他的名言："上帝不会掷骰子。"

西方社会可能很难接受这一颠覆性的观点，因为它要求改变长期以来根深蒂固的思维方式。但在东方，量子视角下的人类社会发展观找到了合适的生长环境，并且逐渐积累了强大的力量。

三、文化基因契合，量子思维为什么"花开西方，香飘东方"

（一）量子管理，香飘东方

比起国外，国内的量子管理学起步晚了近20年。但量子管理理论的发展在西方长期停滞不前，而在中国，却像吃了"增长药"一样，迅速蹿红。海尔的张瑞敏在听了专家们的演讲后，就被量子管理学深深迷住了。因为他觉得，海尔过去20年的发展，无形中就是在实践量子管理学。2016年，海尔举办了首届人单合一模式国际论坛，邀请了十多名全球管理界专家做报告，其中丹娜·左哈尔的量子管理理论让张瑞敏看到了光明。2021年，丹娜基于海尔的案例出版新书《人单合一：量子管理之道》，讲述海尔如何运用量子理论来改善管理，听起来有点科幻，但实际上非常实用。

丹娜成了这一理论的超级布道者，她走南闯北，到中国、印度去传播她的管理哲学。她在西方可能只被少数人关注，但到了东方，她就像是明星一样，有着一大群忠实粉丝。

不仅仅是海尔，上海自主创新工程研究院、上海管理科学学会、清华大学经管学院等都纷纷邀请丹娜演讲，她的理论受到了学术界和业界的高度评价。举个例子,曾担任华为基本法起草小组组长的彭剑锋教授和他的博士后马晓苗也用量子思维分析了一系列的商业成功故事,并在2023年出版了《量子组织:数智时代的管理革命》。

(二)量子管理的本质就是中国管理哲学

那么,为什么量子管理在东方如此受欢迎呢?原因很简单:它与东方文化有很多契合之处。丹娜自己也说过:"量子管理的本质就是中国管理哲学。"她是这样解释的:"量子管理理论本身是无边界的管理理论,本质在于打破二元对立,建立关系。量子力学里对宇宙的认知,和中国传统哲学的认知是高度一致的。所以量子管理领导就是中国式领导方式,量子管理方式就是中国哲学管理方式,它将服务带给每个人,鼓励创业者心态、鼓励个体自由创新、释放个体能量,关注和满足深层的价值体验与灵性成长。"

由此可见,量子管理不只是一堆管理技巧的集合,它其实是一种认知革命和生活哲学。它告诉我们应该怎么看待自己、生活和世界,怎么更新我们的思维方式来做决策和追求目标。对于中国人来说,我认为这里面的"捷径",就是找到量子思维和东方智慧之间的共通点,从它们共同的价值主张入手,逐渐开展学习和实践。而在这方面,我认为至少可以有以下四个着手点。

1)在因果观念方面,两者都主张"弱因果"关系。想象一下,你在看一部电影,发现故事情节是环环相扣的,但你却很难指出哪个是原因哪个是结果。这就是东方智慧和量子思维看待因果的方式,它们认为世界并不是简单的因果链,而是一个错综复杂的网络。西方传统的因果视角更像是在玩多米诺骨牌,一个倒下,下一个跟着倒,很直观,很理性,就像数学公式一样精确。但在东方文化和量子物理中,这种直线式的因果关系变得模糊。想想中国的那句老话:"善有善报,恶有恶报。"有时候你并不会立刻看到结果，就像是命运说："等等，时候还没到。"这就是所谓的"弱因果"———一切都相互连接，但不是简单的 A 导致 B。东方的印度教和佛教甚至通过宣扬轮回转世把因果关系从一世扩展到了前生后世。这种跨越生死的因果观念，更是大大地弱化了因果之间的关系。

2）在对事物间关系的理解方面，两者都主张关系是动态转换的，甚至连主体和客体之间的界限也并不是绝对的。在西方科学中，习惯于将观察者与被观察的对象分开，就像你用显微镜观察细胞，你和细胞是各自独立的。这种方法很棒，帮我们揭开了许多自然界的秘密。但量子物理告诉我们，这种分离并不总是那么清晰。在量子世界里，观察者的存在会影响被观察的物体，就像拍摄一只羞涩的小猫，一打开闪光灯，它可能就跑了。另外，所谓的干扰因素与你想了解的对象因素之间或许原本就是一个相互依存的整体，无法排除相互的影响。比如，我们要研究大拇指的功能，如果排除掉其他四个手指来独立开展研究的话，也就丧失了它作为手的一部分特征。

此外，量子思维认为事物间的关系是时刻在变化的，比如父母和孩子的关系，父母为孩子提供物质条件，通常可以帮助孩子成长，但如果给得过多，可能会宠坏他们。没有固定的规则，一切都在动态中转换。《易经》的变化智慧，或者老子的"道法自然"，都告诉我们世间万物在不断地变化和转换中。佛教更是提出了"缘起"的概念，认识到事情的发生和消失都是无数因素相互作用的结果，连"我"也是其中的一部分。世界不是黑白分明的，而是充满了灰色地带和无限的可能性。这也解释了为什么量子管理学能在东方文化中找到共鸣——它提醒我们再次审视老祖宗看待世界的多维度和动态变化的观点。

3）在终极追求方面，两者都把"整体、和谐"作为最终目标。我们生活的世界就像一幅巨大的拼图，每一块都至关重要，但也没有哪一块是全部的画面。这正是东方智慧和量子思维共同认为的——世界是整体的，每一部分都重要，所以最终目的是要找到一种和谐的平衡。西方科学观鼓励人们去积极追求个人梦想，就好像个体才是拼图的主要部分。但这种个人主义真的能带来整体的和谐和繁荣吗？真的能构建一个幸福和谐的社会吗？经济学中有一个说法叫"自利利他"，它假设每个人都追求个人利益，最终就会惠及他人。但这种直线式的思考方式并不总是成立的，至少在东方哲学和量子世界里，事情没那么简单。因果关系是重要的，但相互关联的整体状态更重要。所以，维持每个部分都与其他部分保持一种平衡状态，整体才会和谐。量子思维与东方智慧给出了不同于西方经典科学的实现路径，即"无为而无不为"。改变可以悄无声息地发生，不需要强硬的干预。这就像是润物细无声的春雨，它不是直接下令草长，而是悄悄滋润着，让一切自然生长。对个体进行更直接的指导和干预的行为，由于不是发自本人内心的，往往是无效的。这也是经典管理往往失效的症结所在。

4）在看待人性方面，两者都相信个体具有"向善的潜能"。量子思维相信人性是复杂的。量子思维倾向于把人性的复杂和各种叠加的需求作为不可分割的整体，作为对人的基本假设。所以人具有向各种方向发展的潜能，同时包含"向善向恶"的可能性。因此，把人的这种多态叠加坍缩到向善行为是需要引导的，也需要构建内在的基础。

东方文化谈论人性，也普遍认为人具有向善的潜力。《三字经》开篇就说"人之初，性本善"，意思是我们天生都有做好事的本能。儒家经典《孟子》写道："恻隐之心，仁之端也；羞恶之心，义之端也；辞让之心，礼之端也；是非之心，智之端也。人之有是四端也，犹其有四体也。"王阳明在他晚年的《四句教》中也明确"知善知恶是良知"。所以，中国文化传统的主流都认为"知善恶是一种天赋本能"。但《三字经》接下来也说"性相近、习相远"。所以,东方文化不认为"向善"和"为善"是必然联系发展的,"教"和"化"才是牢固两者关系的手段。换句话说,"向善"不是天生的,它需要教育和文化的影响。用量子思维来说就是,"向善"只是叠加态的一种可能,如果要坍缩成"为善"的本征态,那就需要相互作用。

西方经典体系中的现代科学研究,无法将人的复杂性看作人特殊的、不可分割的属性,主要是因为它背后主导的决定论和还原论思想。另外经典科学研究方法也不能兼容属性过于复杂的自变量或参数,简化甚至忽视人的复杂性,成为模型研究的一个共性做法。这也坚定了我们的判断:"要研究'人',量子模型必然优于经典模型。"简单往往只是复杂的一种有条件的近似,复杂才是真实的存在。类似的,众多经典模型会不会也是量子模型的某种特殊情况下的近似呢?

从以上四个契合点入手,无论是个人修行还是融合研究,一定都会非常有趣。其实,已经有一些学者以此入手,在经济学和管理学领域取得了一些研究成果。

(三)用量子管理思维再看中国商业案例

量子思维不仅为西方提供了一个更好地理解东方智慧的系统,还将帮助东方的哲学文化更好地整理和进化自己的观点,使其能够更好地传达给世人,并践行相关主张。中国的量子管理学派正是受量子思维的启发,给出了看待国内成功案例的新视角。

在他们的眼中,微信不仅仅是腾讯的员工、投资人、产品或市场策略那么简单。量子管理学者更有兴趣研究腾讯创造了一个什么样的环境。在这个环境里,新点子、新功能、好方法都能被看到、被重视。这就好比一个好的舞台,每位演员都有机会发光发热。腾讯就是那个会给每个好主意打上聚光灯的舞台导演。

在海尔，张瑞敏提出"永不结束的游戏机制"，让员工和公司一起玩一个长期的游戏，而不是传统的雇佣和被雇佣关系。这个游戏的规则鼓励大家长期合作、共同成长。彼此间不再是对立的雇主和雇员，而是为了一个大家认同的共同目标而长期合作的伙伴。这就打破了传统游戏规则，创造了一种全新的玩法。

胖东来的故事更是鼓舞人心。在零售这个竞争激烈的行业，胖东来的创始人选择了一条与众不同的道路。不惜成本去关心员工和顾客，甚至愿意支付比市场平均水平高出两三倍的工资，结果却实现了比同行更高的利润。一个有远见的、有智慧的、勇敢的决策者，不走寻常路，却创造了一个又一个奇迹。

这些成功商业故事的量子视角新解释，给了年轻人尤其是创业者一个重要启示：成功并不总是直来直去的。有时候，你需要改变规则，创造一个新的游戏。在这个游戏中，每个人都是观察者，也是参与者。每个人的行为都在塑造着团队的未来，而这样的团队，终能走向成功。

四、沟通对话，共情变革，量子思维为"共荣的未来"保驾护航

（一）思维的基本假设趋同，才是人类共荣的前提

在日常交流中，有时我们会发现，尽管都在谈论相同的话题，大家的观点却天差地别。这通常是因为每个人都有自己的基本假设和观察前提，这也是人们思考问题时的出发点。就好比我们都是戴着不同颜色眼镜的人，看到的颜色自然不同。这些基础信念通常是由我们的知识、信仰、经历和文化等多方面因素共同塑造的，要改变它们并不是一件容易的事情。

记得在我读大学的时候，一位教授美国文化的老太太组织了一次活

动，抽签决定每个人去深入研究美国的一个州，并完成学期作业。我被分配去研究田纳西州，这是一个位于美国东南部内陆的州。在研究的过程中，我发现了一个令自己难以理解的现象：该州居然通过了法律禁止堕胎行为。这让出生在新中国而又阅历不深的我难以理解：为什么女性没有权力决定如何处置自己肚子里的胚胎？经过大量研究，我后来才了解到，反对者认为，每个生命都是"上帝"创造的礼物，父母只是"上帝"的代理人，所以没有权力否决一个新生命的诞生。他们居然成功地用"逻辑"自证了合理性！

这个例子让我更深刻地感受到，很多争议和冲突其实根源于最底层的差异。观点不同，很多时候是因为我们对同一个问题的定义和理解不同。解决分歧和差异的核心在于能否找到一种方式，让我们的基本假设更加同步，或至少彼此包容。

量子思维的世界观假设，可能是一种有效备选方案。

（二）当今世界面临的思维分裂危机

在当今时代，尽管科技的发展使人们有了更多的交流通道和了解世界的方式，但人们的观点并没有因此而趋同，相反，似乎变得越来越分裂。我们看到各种团体越来越极端，所谓的"铁粉"往往围绕表面的议题争论不休。其中的部分原因是，每个人都在追求个性化，每个人都接收了过多的信息，导致思考问题的基本假设也变得个性化，无法与他人兼容。

2025年初，马斯克对短视频平台TikTok的评论引发了广泛关注。他提出了一个观点，即科技可能正在引导人们分裂。简言之，马斯克认为，平台通过向用户频繁推送他们所喜欢的、能够激发情绪和争议的内容，来吸引用户的注意力，从而让他们沉迷于不断刷新内容的循环中，增加用户在应用程序上的停留时间，从而吸引广告并增加收入。这种信息饱和轰炸和以算法驱动的内容推送机制，导致了"信息茧房"现象，即每个人都被固定的思维模式包围，很难接触到与自己观点不同的信息，听到的永远都是自己想听到的。即便你有特立独行的想法，算法也会帮你找到并推送有类似想法的资讯和群体，让你产生一种错觉——"我并不是少数派"。久而久之，就导致了群体之间的对立和冲突变得更加严重。这就是马斯克所谓"利用人性下坠"的商业模式，其潜在危害深远但又容易被忽视。

我们看到某些国家的政局正在走向极端化，中间派的声音被边缘化，各派系之间似乎越来越难以开展对话。要解决这些冲突，唯一有效的方法就是在基本假设的层面上提供一个统一的语言体系。那么，量子思维作为一个倡导大众走向共同繁荣的底层思维操作系统，有没有可能实现这个功能呢？

（三）用量子思维融合对话的优势

量子思维可能是一个令人兴奋的未来概念，它有机会改变我们彼此沟通和看待世界的方式，让更多的人共享一个作为整体、可以内部对话的平台。这听起来有点像是宗教或文化传统的作用，但并非如此。与其相比，量子思维具有更加透明、开放、可思辨等优势。为什么这么说呢？

1）统一的思维体系。想象一下，如果我们都用同一种超级智能手机，没有品牌差异，没有型号纷争，没有不同的操作系统，沟通起来是不是会更方便？就像大家都认同"3+3=6"一样，量子思维里的概念都是大家公认的科学事实，没有歧义，让交流变得简单高效。当人们讨论量子思维、交换各自想法的时候，因为共享了诸如"波粒二象性、量子纠缠、薛定谔的猫"这些有严格定义的基本概念，就使得因语义模糊造成分歧的情况大大减少。同时，它的逻辑思辨过程也是可对话的，每一个价值主张的底层逻辑和推导过程都可重复，这就能够引导人们自主地选择自己认同的价值主张。

2）超级严格的游戏规则约束。玩家只能用量子力学里的发现来玩这个游戏，规则是固定的，就像打篮球时不能用脚去踢。量子思维的规则来源于物理学里的真正发现，所有概念都是真实的，无论是在底层概念引用还是逻辑引申过程方面，都是可以拿出来供大家讨论和批判的。在量子思维的共同语境下，如果乱造概念、生搬硬套，很容易就会被识别出来。这就能确保量子哲学始终能指向主流的共同价值主张。想象一下，中世纪的教会可以随意解释《圣经》，但量子科学绝不会发生这样的情况。同时，规则也会随着新的科学发现而更新，也确保了其前沿性和适应性。

3）最有趣的是，量子思维改变了我们看待自己的方式。在传统观念中，我们好像是站在机器外面的操作者。但量子思维告诉我们，"我"其实是宇宙大机器的一部分，不能孤立存在。这就像是一个提醒，告诉我们要谦卑，要认识到我们自己与周围环境、他人之间是紧密相连的。量子思维还不断提示，我们的每一个选择都在创造新世界，这会帮助我们摆脱宿命论的桎梏，做一个有责任感的公民。此外，"重结果更重过程"也是量子思维的主要推论，这会帮助引导人们少一些急躁、多一些和解。这种新思维模式能让我们更容易共情别人，同时也鼓励我们为了一个更好的集体目标而共同努力。

随着越来越多的人开始用这种思维方式来解决问题，我们相信这个思维模式会被越来越多的人接受。在多年的摸索和实践中，我们已经发现，结合Web3.0的数字技术栈，有望重塑社会、企业、团体组织的底层治理逻辑。接下来的章节将具体讨论新技术是如何与量子管理思想相互促进的。

CHAPTER THREE
第三章

Web3.0 与新时代的
量子管理

一、从 Web1.0 到 Web3.0，新技术发展背后的人文危机

如今，我们已经习惯了舒服地坐在家里，稍微操作几下手机，不到半小时，外卖小哥就会把我们心心念念的美食送到手上。过去携带厚重的钱包出门的日子正在迅速成为历史，就连菜市场也迎来了数字化变革：扫一扫微信或者支付宝二维码就能轻松结账。我们不仅能通过支付宝转账，还可以用支付宝申请身份证、医保卡等电子证件，甚至连车钥匙也可以由手机的 NFC（近场通信）功能取代。所有这些便利，都是互联网技术为我们实现的。

但在享受互联网技术带来的种种便利的同时，很多人并没有意识到，互联网技术的发展已经默默经历了 Web1.0 和 Web2.0 两个重要阶段，正全面踏入 Web3.0 时代，互联网的演进轨迹见图 3-1。新时代的 Web3.0 尤其重要，因为它可能为我们解决旧技术时代积累的文明危机。

	Web1.0	Web2.0	Web3.0
主要内容载体	超文本和网页浏览器	短视频、图像、文学等多态	智能、立体、虚实融合的全息融合态
用户与信息的关系	只读	可读、可写（创作）、可分享	可读、可写（创作）、可分享、可拥有
对经济的影响	提高效率	内容新经济	数字资产新经济
代表经济体	电商平台	社交综合平台	数字资产中心（预测）
新经济特点	以平台、技术为核心	以内容、社交、算法为核心	以用户、社交、数字资产为核心

图 3-1 互联网的演进轨迹

（一）互联网技术起源与 Web1.0 时代

Web 技术，也就是互联网技术，曾又被称作万维网（World Wide Web，WWW）技术，是由英国工程师蒂姆·伯纳斯-李在 1989 年发明的。最开始，这只是欧洲核子研究组织里科学家们分享信息的一种便利工具。但没过多久，伯纳斯-李在原技术的基础上又开发了浏览器，并部署了世界上第一个网站服务器。正是这一小步，开始让互联网从一个小范围的信息分享工具，逐渐演变成一个全球性的信息、沟通和商业的巨网。

1993 年，美国总统比尔·克林顿提出构建"国家信息基础设施"的宏伟蓝图，这个后来被称为"信息高速公路"的计划，拉开了数字信息时代的序幕。随着基础设施的逐步完善，我们正式迈入了 Web1.0 时代。

在那个充满怀旧色彩的 Web1.0 时代，有两件事情让我印象深刻：一是门户网站和搜索引擎的兴起；二是突然之间似乎每家企业都在忙着制作自己的网页。

在一阵群雄争霸后，雅虎和谷歌开始主宰搜索领域；而在国内，新浪、网易和搜狐等门户网站也如雨后春笋般出现。人们逐渐习惯了从网上而不是从报纸上寻找最新资讯。时至今日，谷歌的主页仍然简洁至极，主要就是一个搜索框以及跟着不同纪念日变化的标志。而与之相反，国内门户网站的内容越来越丰富，各类信息和链接被分类，以便用户能快速找到想要的内容。新技术彻底改变了我们获取信息的方式。记得我曾经每周都要买《体坛周报》和《证券时报》。但没几年，我就转向了电子阅读，很少再买纸质的报纸和杂志。跟我一样经历过类似转变的人有很多，因此门户网站就聚集了大量用户。

那个时候，企业只要在门户网站的首页放上介绍文字或链接，就能迅速获得巨大的流量和财富，这也催生了最早的互联网广告商业模式。

越来越多的公司开始花钱建立自己的官网。用今天的眼光看那时的公司网站，真是简洁至极，主要是几个关于公司和产品的介绍页面，不但罕见网页动画，更谈不上如今很常见的短视频。但即使如此，为了创建这些内容，公司需要花不少钱，开发一个网站往往需要几个星期的时间，后期还需要配备专职的网管来维护。抢注一个有意义的域名成了商战的重要一环，有人甚至因为抢注线下品牌的域名而一夜暴富。企业普遍将自己的网址印在名片和宣传材料上，一有机会就四处散发，利用网站的新鲜感和便捷性，拓展潜在客户群。

（二）功能与社交互联网与Web2.0时代

到了20世纪90年代中后期，国内互联网公司开始掀起又一波创新浪潮。它们开始不再满足于仅仅提供信息，还希望在线上实现社交娱乐的全新体验。互联网开始从1.0时代步入了2.0时代。那么，Web2.0到底是什么呢？其实就是把我们日常生活中的方方面面，包括衣食住行、吃喝玩乐，甚至是风花雪月，都搬到互联网上。

在Web2.0的大门初启时，有一些标志性的事件值得我们铭记。还记得ICQ吗？那可是世界上第一个广受欢迎的即时通信软件，也是很多中国网民第一次有机会与外国陌生人进行交流的工具。如今更多人熟悉的QQ，它一开始其实叫OICQ，就是ICQ的中国版本。各类社交通信软件的出现，逐渐夯实了网络社交时代的基础。

步入21世纪，网络世界变得更加宽广。《星际争霸》《反恐精英》（CS）等游戏增加了让玩家们享受全球联机对战的功能。特别值得一提的是陈天桥的盛大网络在2001年引进了《传奇》，这款游戏无疑开启了一个新的游戏时代。那时《传奇》有多火？一点也不逊色于现在的《原神》：数以万计的年轻人在网吧里夜以继日组团打怪，只为了爆一个极品装备。《传奇》及其后来的《魔兽世界》《梦幻西游》等MMORPG（大型多人在线角色扮演游戏），不仅仅催生了以游戏为中心的社交活动，比如游戏工会、装备交易等，甚至还有玩家在游戏中开始虚拟拍拖、结婚，有些最终还转变成了现实生活中的伴侣。

但要说Web2.0时代早期让人印象最深刻的社交功能，我会想到2005年和2006年兴起的"校内网"。因为通过它，我重逢了多年未见的初中同学。它的原理在当时看来很神奇，完全不需要姓名和电话，只是通过一些注册信息和手机通讯录，加上你与母校的线上社交互动，就能通过聚类和推荐系统，把同班同学信息推送给你。有个六度社交理论也几乎在同期开始变得异常流行，你可以通过六个人的辗转推荐，联系到世界上的任何人，包括美国总统。而这一现象的背后，其实跟某些技术的成熟有绝对的关联。

然而，真正让Web2.0展现力量的，还是电子商务。也是在这个时期，电商平台如淘宝和京东等开始冉冉升起，彻底改变了人们的购物方式。更厉害的是，这些网站不仅是购物的渠道，还成了人们评价商品、分享购物经历甚至是社交的平台。

众多Web2.0项目的出现，带来了四个翻天覆地的变化。

1. 让商业从线下走向线上

电子商务在中国的兴起，很大程度要归功于阿里巴巴。在20世纪90年代中期的中国，通过门户网站为自家公司网站引流的做法还是个新鲜事。1995年，马云去美国出差期间，他尝试在网上搜索中国啤酒的信息，却发现不但是啤酒，几乎任何有关中国产品的信息，都无法在当时的网络上搜索到。这次经历给了他巨大的启发，也让他看到了互联网将中国产品推向全球市场的潜力。回国之后，他迅速创建了中国黄页公司，这不仅是中国最早的一批商业网站之一，更是阿里巴巴集团的前身。尽管中国黄页公司的生意并不算太顺利，但马云却因此得以接触到最新的行业资讯。

到了 1999 年，亚马逊公司在美国举办了一场引人注目的活动——"亚马逊生活实验"。他们邀请了一对夫妇，在纽约一间玻璃屋中体验完全依赖从亚马逊网购来维持生活。这场活动证明了一个惊人的事实：在当时的美国，人们已经可以完全依靠网络购物满足生活中的基本需求。这场活动不久就引起了中国互联网创业者的注意。2002 年，马云领导下的一个技术团队开始秘密研发淘宝网，并在同年开始内部测试。但由于当时的网购观念普及率并不高，加上国内已经有易趣网的运营在先，淘宝网最初的发展并不顺利。2003 年春天，非典疫情在中国暴发，彻底改变了淘宝网的命运，因为人们被迫居家隔离，线上购物需求激增。而另一家电商巨头京东，也几乎是在同一时间宣布关闭全部实体店，转型为纯线上电商。

时至今日，网购已不仅仅是一种常态，而已成为大家日常生活不可或缺的一部分。

2. 线上社交：从熟人到陌生人

社交网络的演进同样引人瞩目，从最初的熟人社交走向陌生人社交，是 Web2.0 技术带来的最大贡献。2009 年新浪微博的成立，成为中国互联网的又一个里程碑。其实，早在 2000 年前后，天涯论坛（Forum）等大型线上社区就已经成为许多人获取咨询、精神成长的渠道。新浪微博最初与国外的博客（Blog）服务在功能方面非常类似，都是鼓励用户发布内容的平台，但微博开发出更方便使用的客户端，并限制每条消息最多 140 个汉字。没想到，字数限制反而降低了使用门槛，使得用户群迅速增长。最终，微博从博客的细分市场中崛起，并取代博客成了分享生活和意见的代名词，而老牌产品博客则被迫转向更专业的内容分享领域。

直到今天，新浪微博的月活跃用户数仍然超过 5 亿，影响力依旧不可小觑。

3. 内容：从只读到创作和分享

Web2.0 时代还实现了让用户能够自己创作和分享内容。微博的成功告诉我们，用户不仅是内容的接收者，他们还渴望成为内容的创造者。之前，一直有两种不同的内容创作模式争论不休：一个是 PGC（Professional Generated Content），即专业生产内容；另一个是 UGC（User Generated Content），即用户生成内容。两派在多个细分领域都有各自的支持者和迥异的商业模式，比如音频内容领域就有喜马拉雅 FM 和蜻蜓 FM 的竞争，前者因为财大气粗，发展初期就合作了大量的明星，买了大量版权，走的偏 PGC 路线；后者因为诞生较晚，为了后来居上，就提出走 UGC 为主的发展路线。战略路线的差异一度让蜻蜓的用户增长速度超过了行业老大哥。但发展到今天，用户自己创作内容的模式无疑已经成为主流，每个人都可以在微信公众号、抖音等平台上拥有自己的粉丝群体。这也在影响很多互联网公司的商业模式转型，比如国内外视频网站的领头羊 Netflix（奈飞）、爱奇艺、优酷等，以往的预算很多被用来购买电视剧、电影和综艺等版权，现在则大部分用来购买剧本、投资拍摄自己的网剧。当然，专业内容的创作同样发展得有声有色，尤其是在直播领域。头部主播，往往都是团队运作的，排名前十的主播销售额往往可以占到整个平台的一半以上。

4. 各垂直领域的丰富应用

Web2.0 时代的另一个重要特征是各垂直领域内丰富的互联网应用程序的发展。无论旅游、电商还是视频领域，都有各自领头的 App。当智能手机已经成为我们生活中不可或缺的一部分，手机里的各种应用让我们在做各种消费选择时拥有了更大的选择范围。大部分年轻人外出吃饭，都会先看看小红书、大众点评或美团；如果要旅游出行，则会查查携程、去哪儿；买鞋就会看看得物或者唯品会，比比价格；外出打车可以看滴滴，已经很少有人去路边拦出租车……手指点点，就能够便捷免费地获取各类相关资讯，一键下单，轻松搞定日常需求。

Web2.0在网络上为我们重构了一个新社会，人们不仅在这里消费，还在这里相遇、交流和共享。Web2.0时代，互联网从单向的信息展示，变成了双向甚至多向的互动交流。我们不再是被动的信息接收者，也是积极的参与者和创造者。每个人都可以是内容产出者，每个人的声音都有可能被世界听见，各种声音汇集的力量又改变了我们的视野，改变了商业规则，改变了社会运行的方式。

（三）Web2.0时代伴生的新问题

在Web2.0时代，技术进步极大地丰富了我们的生活，为我们提供了前所未有的便利。但技术的发展也展现了硬币的另一面。

1. 数据滥用与新弱势群体

首先是企业为了商业利益，过度地、不合规地采集和滥用用户数据的行为。2024年11月，中央网信办秘书局等部门联合印发了《关于开展"清朗·网络平台算法典型问题治理"专项行动的通知》，其中明确指出了算法诱导沉迷、滥用大数据杀熟、操作热搜榜等典型不法行为。文件出台的背景是，有太多的应用程序，偷偷利用程序后门非法获取手机各类传感器的权限，悄无声息地收集用户信息，并利用云计算和标签分类技术，对用户的购买行为进行分析。每个人都或多或少地经历着被监视的体验，却又无能为力。早上你只是随口说了一双鞋好看，中午的时候相关鞋类广告就已经在你的手机屏幕上被推送。

虽然相关的监管标准和措施在不断加强，但数据滥用的案例在过去几年里层出不穷，把非必要的商品兜售给客户甚至引诱其负债消费的情况屡有发生。

此外，技术的发展也导致了新弱势群体的出现。对于那些不擅长使用这些新技术的人群比如老年人来说，他们发现自己正逐渐被边缘化。典型的例子就是，随着滴滴打车的普及，路上巡游的出租车急剧减少，偶尔路过一辆空车也几乎都开着"电调"的指示灯，这让不熟悉打车软件用法的群体，尤其是老年人，想要在路边打车变得极其困难。

2. "被机器替代"的就业焦虑

数字技术发展带来的另一个问题是就业焦虑。自动化和智能化正在肉眼可见地取代人类的工作。根据高盛2023年发布的报告数据，未来十年内，全球将有3亿个工作岗位被AI淘汰或大幅减少。这并不是危言耸听，而是每个行业正在发生的事情：目前，全球已有超过189家灯塔工厂，这些工厂可以完全自动运行，甚至不需要灯光照明。更重要的是生产效率的提高：这些工厂替代原来需要成千上万人维持运转的生产线以后，不但简化了管理，减少了人为原因停产的风险，甚至能够24h连轴生产不中断。不仅是体力劳动，甚至连复杂的认知任务也是如此。2024年2月，OpenAI公布了文生视频的最新工具Sora，据360集团董事长周鸿祎评论，其视频的生产效果已经达到国际一流CG（计算机图学）团队的水准。在节省千万计的制作成本的同时，由于大量相关从业人员面临着失业的风险，美国好莱坞几乎每个月都面临相关人员的罢工活动。如果你关注今日头条的一些推送，也会发现有些内容的标题下方出现了"该内容由文章生成，查看原文"的字样，也就是说，即使在内容的编辑和创建领域，AI也在逐渐替代人工。

再来看看年轻人青睐的主播行业正在发生的变化：在2023年还需要

基于真实人物视频等素材来训练的数字人技术，到了2024年已经可以通过使用Sora生成视觉、硅基智能生成仿真语音等几个技术组合来直接生成虚拟人了。大数据分析和算法驱动的决策制定在企业和组织中也正在变得越来越普遍。根据微软Copilote的演示视频，未来的系统工具可以处理和分析比人类更多的数据，甚至以更快速、更准确的方式自行做出决策。

3. 如果缺乏合理安排，人在未来会被"边缘化"

仍有不少人坚持认为，我们不必为以上问题担心，因为新技术虽然淘汰了不少旧工作，但也会创造新工作。问题是，新旧岗位在数量上是极不对等的。另外，历史经验还告诉我们，技术变革往往是在大量人群付出代价的同时，只有少数群体能够获益。20世纪90年代的纺织工人下岗潮就是一个例子：随着计划经济向市场经济的过渡，许多工人失业下岗。虽然那时新兴的职位也不少，但与下岗人员的技能和年龄并不匹配。当时国家还专门推出了所谓"4050"特殊优惠就业政策，帮助下岗工人重新找到工作，但效果并不好，很多人无奈地处在生活的窘迫境地，一直熬到能享受退休金时才得以改善。

在未来，新工作的确会出现，但岗位总需求必然减少，大多数的职场老兵很难通过新技能培训来适应新工作。最终，这部分群体可能就要成为技术变革的"代价"。而这次与以往不同的是，因为冲击巨大，高达90%以上的人群在未来社会的劳动体系中将被大量"边缘化"。这是全人类共同面对的困境，我们必须要为此预先做好合理的安排和应对。

（四）人类面临"被边缘化"的危机

1. 人类真的面临被"边缘化"的危机吗

为了更好地回答这个问题，我们必须明确，人的社会主体地位是如何在当前社会体系中获得保障的。这种保障其实来源于三个关键途径。

1）人的社会主体地位是通过意识形态的传承来保障的。我们每个人其实都在不同程度上受到意识形态的影响，共享一些大家普遍认同的价值观。无论你出生在哪里，生活在东方还是西方，从小到大都会被教育，每个人都有一些不可或缺的天赋权利，这些权利就像是我们的隐形护盾，既保护了我们自己不受侵害，又保护了他人也能够享有这些权利。这些天赋权利中包括了生命权、自由权、财产权等。这些基本认知，慢慢地就内化为我们日常生活中的实际行动指南。"尊重人权"就是这样以文化传承的方式，被镌刻在大部分人的潜意识里。我们可以来做个小实验：可以问问自己，如果不小心杀死了一只羊或一个人，你会感到内疚吗？两种情况下，内疚感会同样强烈吗？对普通人来说，伤害或杀害一个人的内疚感和负罪感会远远超过杀害一只羊或感觉。这不是因为我们不在乎动物，而是因为我们内心深处有一种强烈的认知，即人的生命是超级神圣的、不可侵犯的，这是我们共同的道德信念和价值观的一部分。这种看不见却又无处不在的信念，已经成了社会文明的基石，定义了我们作为一个文明人的基本素质和身份，同时也保障了人类在当今社会中的主体地位。

2）人的社会主体地位是通过人类在社会事务中的参与来得到确认和保护的。保障人类的主体地位，不仅仅是一种心理上的认同，更体现在国家的根本法律和行事准则之中。为什么我们可以吃羊肉但不能伤害他人？这是因为法律早已规定——杀羊是合法的，而杀人则是在犯罪。同样，每个人都有权利通过投票来参与政治选举，这也是保障大众在社会决策中拥有至高地位的方法。

随着新技术的涌现，我们不可避免地面临道德和伦理上的诸多新挑战。通常情况下，公众对新技术有个逐步适应的过程，在这个过程中，可能会出现对新事物的伦理评价标准上的争议，甚至可能出现暂时的道德真空。例如，在人工智能领域的领头羊公司OpenAI发生的内部争议。2023年11月17日，公司首席科学家伊利亚（Ilya）做出将公司CEO开除的董事会提议并获得支持，引发了公众对于人工智能未来发展方向的道德和伦理考量的广泛讨论。伊利亚是"超级对齐派"，他主张在安全问题没有明确解决方案之前，技术发展速度应当放缓；而作为CEO的山姆（Sam）则是典型的"加速主义者"，他认为技术创新和普及应放在优先地位，而技术带来的潜在风险可以在未来慢慢解决。这场争端在山姆于11月16日在公司内部公布重大项目Q*的进展后达到高潮，山姆担心这项技术可能会对人类构成威胁，因此采取了通过投票把CEO赶出公司的激烈措施。出人意料的是，这场风波很快就平息了，仅仅时隔五天，山姆就恢复原职，而伊利亚则逐渐退出了公司的管理层。

3）最重要的是，人类的主体重要性其实是通过经济参与的角色来保障的，但很多人显然忽视了这一点。在这个世界上，个人不仅仅是社会成员，更是经济舞台上的主角。人类整体在经济中的角色和地位，才是支撑社会价值和影响力的关键。想想看，为什么公司的总经理那么受人尊敬？一方面，是因为他的决策可以影响公司的未来；另一方面，是因为他掌握着公司的资源分配权。在人类的经济体系中，每个人都扮演着双重角色：一是生产者，二是消费者。通过这两个角色，我们主导了社会资源的动态分配。而拥有这种资源的分配权，正是保障人类不被"边缘化"的最主要原因。

一方面，所有经济生产都离不开各领域的老板、管理者、员工的参与。劳动力作为重要的生产要素，在生产过程中的权利受到尊重和保护，可以通过劳动获得薪酬、职业发展，而且法律也强制企业提供必要的工作工具和环境等。这就使得工作成为大众追求幸福生活的一个重要手段。

另一方面，作为消费者，我们的选择和购买力推动着经济的运转。我们每天的消费决策，无论是选择在哪家咖啡店买早餐，还是决定购买哪款最新科技产品，这些看似微不足道的决定，其实都在塑造着经济的未来。公司之间的竞争看起来是为了利润，但更深层次的竞争是吸引人的注意力和满足人的需求。

所以，你可以这样理解：每个人都通过工作贡献自己的力量，获得相应的货币使用权，并且在消费时通过决定如何使用各自的货币，让自己的意志影响社会的运转和未来科技的发展。这就保证了，无论我们身处社会经济体系中的哪个位置，都是其运作不可或缺的一部分，而且我们的选择和行动在塑造未来方面拥有不可估量的力量。

2. "被边缘化"的危机在扩散

当前面临的问题是，随着技术的迅速发展，未来的新生产方式可能不再依赖人力。在不改变当前经济和商业逻辑的前提下，劳动者，也就是我们大多数人，会发现自己的谈判力量逐渐在减弱，因为技术正在逐步取代我们在生产过程中的角色。这就意味着，那些掌握资本、技术和数据的少数人可能会占据更多的收入份额。想象一下，如果一家工厂裁掉了 100 名月薪 5000 元的工人，只留下 10 名月薪 20000 元的技术工人，即便这个工厂的生产能力和盈利能力保持不变，整个劳动者群体可分配的总收入也会大幅下降。以前是 50 万元，现在只剩下 20 万元。那 30 万元的差额，实际上就流向了掌握新生产要素的少数人手中。

这种变化还会影响我们作为消费者的角色。因为大多数人的消费能力来自其工资收入，如果收入降低，消费能力也会相应减弱。这就导致了当前经济的一个不平衡发展趋势：普通人参与经济的能力被削弱，而少数人的经济影响力则越来越大。这也是为什么越来越多的企业，无论是奢侈品还是品质服务，都在专注于为那些消费能力强的少数人群提供服务。如果这样的趋势继续下去，经济体系可能会从服务于人类大众转变为只服务于特定小群体。

而且，随着大众在财富分配中的作用逐渐减弱，其在政治领域的影响力也会跟着减少。这就会导致不同人群之间的更大分裂，最终带来更大的不平等和社会不和谐。

我们不能期待技术独自解决这些问题，因为这种边缘化影响，最终一定会从部分人群波及整体人类，就像科幻作家刘慈欣在《赡养人类》中预示的那样："那是一个人的天堂，也是 20 亿人的地狱。"

3. 是时候开始思考解决预案了

所以，我们需要认真思考：当"人在生产环节"被边缘化为毋庸置疑的趋势时，如何阻止边缘化的蔓延？如何确保在这个不断变化的时代，每个人都能保持其应有的地位和价值？这不仅是一个经济问题，更是一个社会问题。正如 2023 年春节热门影片《流浪地球 2》中马兆主任在生命最后时刻的呐喊："没有人的文明，毫无意义。"但这最终仍无法阻止电影中的图恒宇启动 MOSS 时代，开启人类文明的丧钟。在现实中，我们会拥有另一个不同结局吗？

人应被视为最宝贵的资产。我们所有的决策和行动，无不围绕着人的福祉和发展。然而，这一核心理念时刻面临着各种挑战。为了抵御这些挑战，我们需要时刻保持警觉，以防止"人"在社会系统中逐渐被边缘化。可以发力的方向目前看来有两个：一是在技术伦理上设置红线，确保图恒宇这样的行为不被主流社会容忍，并能够被及时纠偏；二是通过加强人类整体作为消费者身份在经济循环中的作用，来确保其在经济、政治、技术发展等各个方面的发言权。为此，在新兴的数字时代，就必须要确保数字技术的发展路径能够以普惠的方式福泽大众，而不是少数人。

（五）创新机制，利用 Web3.0 实现技术普惠

1. 我们需要"人本"的新机制

前面提到过，在未来技术必然会把人从生产环节中解放出来，人们将获得前所未有的自由时间。这听起来像是美好的乌托邦，但未来并不全是阳光明媚的。技术的发展对人类的影响有两面性：硬币的正面是，未来的物质生产将越来越不再依赖大部分人的劳动，人们也许终于能够为了自己的爱好、为了休闲而不是生存而劳动；硬币的反面是，如果大多数人不再被需要参与劳动生产，那么他们的福祉该如何得到保障呢？我们怎样才能确保，在一个由机器主导生产的未来，人类不会被边缘化，仍然能共享这个世界的财富和成果呢？

其中的关键是机制创新。我们必须找到新的途径，让人们在以技术为主的新生产框架下，依然可以享有财富分配的权利。我们需要通过技术手段，保障甚至增强大众在这方面的话语权。新机制要在机器和 AI 接管生产的未来，让生产所创造的财富能够惠及每一个人，而不仅仅是那些控制技术的少数人。

我们需要创建一种能替代当前市场经济的新机制，确保每个人都有机会参与到新经济中，无论是作为创意贡献者、消费者，还是以其他形式。试想一下，如果每个人都能从社会创造的价值中获得公平的分配，即使他们不再从事传统意义上的劳动，其分配到的财富也能进一步产生消费，进而维持经济的活力。换句话说，未来社会需要建立在一个新的基础上——一个每个人都能从中受益的基础。而要实现这个目标，我们就要引导技术的每一步发展都朝着能提升人类整体福祉的方向，而不仅仅是为为数不多的精英服务。这是关于创造一个人人平等、共同繁荣的世界——一个真正的人类大同世界的未来愿景。

2. 树立技术普惠的价值观刻不容缓

什么是技术普惠？技术普惠是指让每个人都能享受到技术带来的好处，使所有人的生活条件因技术的出现而得到改善，特别是对那些不太熟悉技术的弱势群体。在 Web2.0 时代，我们对这方面关注不够，例如线上打车对老年人造成的不便。如果我们采用技术普惠的思维，就可以通过各种途径来弥补这种不便，比如实现传统电话打车与新平台的互通，以帮助老人操作，或开发简化的服务界面等。

但要实现这些补偿措施，需要将技术普惠视为一种核心社会价值观，因为这些措施通常需要额外的投资，从商业角度来看，这些投资的回报可能并不高。因此，技术普惠并不会是技术发展的自然产物，而是需要我们有意识地选择和发展那些能够实现普惠效果的技术，刻意让新人文基础思想深入人心，最终才能产生成果。

树立技术普惠的核心价值观很重要，因为它事关人在未来社会、未来文明中的重要地位，尤其是在技术的影响日益深刻的当下，这件事紧迫程度在不断加深。现代社会文明强调人的重要性，这种观念被刻在了大部分人的文化基因里。但也难免有少部分个人不认同这种主流观点。"把人性描述为丑陋的，认为人类只是文明发展过程中的过客，只关注技术发展，不关心人类去向，认为保护精英的那一小部分人才是有价值的……"拥护上述极端思想的个人从来没有消失过。过去，持这些想法的人往往是分散的、弱小的个体；但在技术越来越发达的今日，科技的力量可以把这些人聚集起来形成团体，很可能最终造成对人类整体的危害。

3. 有能力实现技术普惠的 Web3.0 技术

要实现让技术惠及大众的目标，我们就应该在技术发展的路径选择上，把"以人为本"作为衡量标准。而 Web3.0 技术恰恰是一个符合这个标准的技术发展方向。

很多人对 Web3.0 还不是很了解，在本书下一章会做比较全面的介绍。简要来说，这是一个利用区块链、分布式身份认证、隐私计算、加密和智能合约等技术建立的动态、多中心化的新网络。这个新网络环境提供了更高的数据隐私保护性、安全性和可信度，为把信息转化为数字资产提供了可行方案，Web3.0 可以实现包括数据等资产的管理、定价、流通和收益。Web3.0 目前还在不断发展中，对于它未来的技术架构还存在分歧，但从已有的共识来看，其最核心的发展目标就是，"通过数据确权，让大众在数字经济中合理获得价值分配"。换句话说，Web3.0 的本质在于：凡是参与数据创造的人，都能成为数据价值的股东。

在 Web3.0 的发展道路上，会持续地产生价值观的冲突和选择。因此，树立并倡导技术普惠的核心价值观时不我待，以此指导 Web3.0 技术的进一步发展必须马上提上日程。

二、Web3.0，新技术如何助力我们脱离人文困境

Web3.0 的新技术可以如何实现普惠大众？打个比方，如果互联网世界是一座巨型的购物中心，Web1.0 让我们像游客一样随处逛逛，Web2.0 让我们有了自己的小店铺，能在里面分享自己的故事。但我们仍然不是购物中心的主人。而在 Web3.0 时代，每个人都会拥有一把钥匙，钥匙上刻着"数据主权"。在未来，任何人要想用我的数据，必须先向我们借钥匙并支付一定的授权费用。

为什么 Web3.0 技术能做到这一点？这就需要介绍一下 Web3.0 技术的三个新特征以及它能够如何改造现在的商业制度。

（一）Web3.0 技术的三个新特征

1.Web3.0 会有自己的内容新载体和新平台

过去，由于计算机和网络硬件的限制，超文本（Hypertext）和网页浏览器是 Web1.0 和 Web2.0 的关键技术。信息由服务器使用 HTML 编排，再通过网页浏览器以图形用户界面（GUI）显示给用户。但随着 5G 技术在中国大中型城市的普及应用，我们的互联网体验正在发生翻天覆地的变化。不久的将来，当大部分人的网速快到可以即时下载整部电影时，视频就可能成为新的主流信息载体，而不再是单调的文字和图片。更酷的是，AI 的崛起意味着机器开始"理解"我们的语言：ChatGPT 向我们展示了 AI 技术处理信息的新能力，而 OpenAI 的 Sora 则展示了机器如何能够接受语义指令，然后创造出难以区分真假的视频内容……很快，我们将进入一个新时代，其中的内容创作可能完全由 AI 来完成。

此外，元宇宙技术的发展也会为将来的内容载体增加更多的选择。2024 年 2 月，苹果公司发布了 Vision Pro 混合现实头戴式显示器，它允许用户以全新的方式与数字世界互动，让用户第一次真正感受到沉浸式体验。

总之，Web3.0 时代不仅仅是互联网时代的简单升级版本，它还是一个融合了视频、智能技术和全息技术的全新网络形式。在这个未来的新型网络中，我们不只是信息的消费者，还会成为活跃的参与者，互联网体验将更加丰富、立体和交互。这正是 Web3.0 的魔力——不仅将改变我们获取和处理信息的方式，还将彻底改变我们与数字世界的互动方式。

2.Web3.0 会把数据所有权归还给用户

数据在未来社会会像水和空气一样随处可见，巨量的数据就像一个丰富的金矿有待挖掘。中国已经将数据视为新的生产要素，和土地、劳动力、资本、技术一样关键。但很多人还没弄明白，数据和自己究竟有什么关系。回想Web1.0时代,我们都是网页内容的被动接收者,我们得到的内容取决于网站提供了什么;等到了Web2.0时代,我们作为用户,与数据的关系发生了本质性变化:我们不仅消费数据,还同时生产数据。我们在抖音发一段原创视频,在小红书写一篇生活笔记,甚至在微信朋友圈发一段随笔,都是在为互联网创造内容;我们为打动自己的视频点个赞,转发一篇美文,甚至转推一个商品链接,也都是在为互联网传播自己的心得。严格来说,作为这些数据的创造者,我们有权决定怎么处置它们,甚至从中获利。但在Web2.0的技术框架下,规则主要由互联网平台制定,被存储数据的大部分收益和控制权也归平台所有。比如,我们在王者荣耀游戏里面的账号,一旦被平台冻结就会失去权限,自己辛苦获得的道具和皮肤会因为无法转卖或者赠送给其他玩家而变得一文不值;你在社交媒体平台上发布的原创内容,即使火了也是平台赚取了大部分广告费。不同意这规矩?那就别想用这个平台。

如果你认为以上情况好像跟自己也没啥关系,自己只是被动看看信息,不会去原创数据的话,那么,还有一类数据是跟每个人相关的,那就是个人的隐私数据。相信每个人都有这样的经历:要安装个App,第一步通常是授权App读取和使用你设备上的数据。要是不给,就打不开App。这就导致我们的数据被过度采集。最糟糕的是,某些平台开始"算法作恶",或动用大数据对老用户"杀熟定价",或通过算法诱导用户关注和消费,让用户对推送的内容上瘾。总之,在当前数字世界里,用户几乎没有对自己数据的话语权。

Web3.0时代的到来,可能成为转折点。Web3.0的很多技术储备,可以帮用户主导对个人数据的话语权。比如利用数字身份与现实生活中的身份进行捆绑,让用户自己决定身份信息与谁共享、做何种用途,只有经用户签名授权的个人数据才能被合法使用。通过对数据的全生命周期确权,确保用户对自己数据的知情权、同意权、访问权、拒绝权、删除权、更正权以及相应的处置权和收益权等。有些技术还可以把平台与用户的数据互动过程通过区块链技术记录下来,这样就可以让用户对可能存在的算法滥用、算法偏见及算法风险进行检查和验证。想象一下,如果你能控制自己在互联网上的身份信息,就能够决定谁可以看到你的数据,能够限制谁看到哪一部分的数据,而且只有得到你授权的人才能使用你的数据,并且需要为额外使用你的数据而付费。通过区块链技术,所有的数据互动都被记录下来,一旦发生纠纷,这些记录就是你最有力的证据。这就是Web3.0带来的变革。

在Web3.0的世界里,每个人都有望能真正拥有自己的数据。你的创意、你的个人信息、你的数字身份都会受到保护。你可以决定分享给谁,不想分享就拒绝,甚至可以从中获利。总之,Web3.0不只是一个新的数字世界,也是一个更公平、更安全、更尊重个人权利的世界。告别"算法作恶"的日子,在Web3.0时代,每个人都能当家做主。

3. Web3.0能通过技术保障,让数据实现资产功能

你可能已经听说过数据被称为新时代的"石油"。在Web3.0时代,数据将像货币一样有价值。这是因为Web3.0技术使得数据不再仅仅是信息,还是可以交易和获利的资产。党的十九届四中全会首次将数据增列为第五大生产要素,意味着中国政府开始全面重视数据资源的战略作用。在Web1.0和Web2.0时代,信息如文字、图片、声音和视频随处可得,但它们并不稀缺,也不容易控制。你的一段原创视频一旦上传,别人就可以轻易复制。这样的数据无法成为有价值的资产。

而Web3.0改变了游戏规则。试想一下,如果你的创作,比如视频、音乐或数字艺术,能被确权,就像拥有房产证一样,可以证明它是属于你的、独一无二的资产,而且这些数字资产还能通过一种安全可信的方

式进行交易，则对你来说得到了很好的保障。这得益于 Web3.0 中的分布式记账技术，也就是区块链，它以密码学为基础，能够确保交易的安全性和不可篡改性。这一技术的可行性已经在过往几年发行比特币等数字货币的过程中得到了验证。当然，它也同样适用于发行其他形式的数字资产。利用区块链技术，每个数字资产都有独特的身份标识，就像每枚硬币有独特的编号一样。而加密算法确保了数字资产不能被伪造，分布式共识算法则允许去中心化的、高效的资产交易，无须众多传统金融中介机构参与。

到 2023 年底，中国政府已经开始试点将数据资产纳入资产负债表，为未来数字资产的投资和收益打造基础条件。这方面的试点进展很快，2024 年 8 月 28 日，苏州朗新科技就与蚂蚁集团合作完成首单新能源 RWA（现实世界资产通证化）项目：利用区块链技术，将充电桩资产数字化，变成映射虚实两个世界的一个资产包，完成了一亿元人民币的融资。当然，创新领域一定存在许多问题需要我们解决。比如，我们需要统一规范，将原生数据转化为资产；需要研究将实物资产的价值映射到数字世界中的合理方法——"数据孪生"；需要不断迭代技术，让虚实资产的收益模型变得更加可靠；更需要不断扩大新理念新方法的教育和传播范围，让更多投资人参与其中。

简而言之，Web3.0 将打开一个全新的世界，在这个世界中，我们的数据不再是被动流失的信息，而是有价值、可以交易的资产。这是一个让每个人都有机会参与并受益的全新经济模式。这就是数据资产化可预见的未来。

（二）Web3.0 技术将如何影响商业系统

在商业世界里，建立有效合作的黄金法则是：低成本、高效率、可持续。Web3.0 的出现，就像是为这条法则注入了新的生命，因为它将重新定义我们与陌生人构建信任的方式。

随着互联网科技逐步渗透人们日常生活的每一个环节，我们在互联网上留下的数据痕迹也越来越多。在确保数据不被滥用的前提下，利用数据及其科学的分析，来帮助用户间更好地了解对方的情况、更高效地构建相互的关系，是未来互联网科技能够对新商业逻辑做出的最大贡献。

未来的你在网络上就像是有了一把万能钥匙——公私钥对。你可以选择在哪些平台上留下你的信息，或者干脆不留下任何痕迹。只要通过你的数字签名，网站就能识别出独一无二的你，不需要再填写一堆注册表单。你的线上线下生活会逐渐合二为一，所有信息都可以随时更新和授权共享。Web3.0 可以分析你在网上的各种行为，比如做生意、购物、创作内容等，然后把这些信息转化为你的信用画像，就像支付宝的花呗一样，每个人都有不同的信用额度，不需要提供任何证明材料，系统会根据你的网络行为来评估信用。Web3.0 时代，每个人都将拥有自己的信用画像，这份画像会包含更多平台的数据，采用更智能的分析方法，且完全在你的授权下运作。这意味着，在选择商业伙伴或做出其他重要决策时，你将拥有更多的选择和更加客观的评价。

更进一步，在商业合作的过程中，Web3.0 同样能发挥巨大作用。商业总是充满不确定性，当合作不如预期时，修改合作条款通常费时又费力。而通过 Web3.0 中的智能合约技术，你可以创建一个能够自动响应各种情况的电子合同，从而大幅降低谈判和法律成本，同时也能有效应对潜在的不确定性。

Web3.0 通过技术手段，让我们能以更低的成本、更广泛地与人建立联系，帮助我们基于技术创新来构建全新的商业逻辑——一个更加公平、开放、可信的商业环境。

Web3.0 技术让我们从被科技监管的现状中脱离出来，我们将不再是数据的被动提供者，而是成了真正的主人。不再是为了科技而科技，而是让科技服务于"人本"思想。

Web3.0 技术还会把数据的话语权归还给每个人。我们的数据不再是免费的"午餐"，任互联网公司随便享用。我们可以自主决定谁能访问这些数据，决定数据被用于做什么，就像决定谁能进我们家门一样。

总之，Web3.0 不仅是一种技术创新，还是一种全新的信任机制，能够让我们在互联网世界中更加自由、安全地互动和合作。商业系统将因此而彻底改变。

（三）Web3.0 呼唤每个人承担起自己的责任

Web3.0 技术有其神奇的内在力量——重塑我们对科技的看法，不再是科技控制人，而是人控制科技，人与人之间的合作不再被算法定义，而是基于数据现实的个体选择和互信构建。在新系统中，技术普惠将被实现且不受个人意志影响，但要确保人类摆脱"被边缘化""被机械化"的困境，每个人都会感受到"承担责任"的压力。

1. Web3.0 的新系统赋予普通人更大的分配话语权

在 Web3.0 时代，每个人都能决定如何使用自己的数据，并从中获益。个体的重要性是通过技术框架固化的，不易动摇。通过数据确权，大多数人有可能从自己的数据中获得收益，保持其作为经济系统中消费者的地位。这就解决了之前提到的重要问题：如果人类不再像过去那样劳动，如何确保我们在消费环境中仍有一席之地。

2. Web3.0 的新系统"逼迫"个体对自己的选择负责

在 Web3.0 的世界里，人类不再是算法的奴隶，每个人都不再被算法引导，不再被科技监控。这也对我们提出了更高的要求，需要发挥自由意志为生存奋斗，并且为可能的结果承担起自己的责任。

因此，Web3.0 不仅仅是技术的进步，还代表着一种"以人为本"思想的前行。这里的"人"是指我们每一个人，不是符号，不是精英，而是真正的我们。这是一个充满可能性的新时代，一个属于每个人的网络世界。

三、Web3.0 实现新管理大有可为

上文分析过，在 Web3.0 时代，我们需要思考如何依靠人文和伦理，合理规制互联网技术发展路径，来保障社会系统向"人本"的方向进行发展。尤其重要的是要保持大众在未来系统中的经济地位，特别是作为消费分配环节中的决策主体地位。而要确保实现这一点，我们还需要抓手和落脚点，尤其"要用 Web3.0 的新技术及其思想影响经济体制中最重要的两个环节：社会治理和企业经营管理"。在指导思想层面，技术对两者的影响其实有很多相似之处，但在此，本书仅讨论新技术思想对企业经营管理可能产生的影响。

在探讨 Web3.0 如何改变商业之前，让我们先回顾一下 Web2.0 时代的企业管理现状。

（一）以广泛连接为特点的新商业模式倒逼组织变革

Web2.0 时代，互联网成了连接消费者和生产者的超级平台，催生了以"平台经济"为特色的中国商业模式。中国的企业家们在这个领域中特别擅长"横向发展"，广泛扩展他们的商业触角。阿里巴巴的淘宝平台就是个绝佳例子，它不仅连接了亿万消费者和生产商，还成了技术创新和新商业模式孵化的沃土。

然而，这种连接方式对企业的组织结构提出了新的挑战。传统的企

业管理模式,那种以雇佣关系为核心、以"计划、组织、协调、指挥、控制"为管理主轴的方式,已经不再适用。平台经济要求企业通过创新手段将内外部的多元化需求紧密联系起来,这意味着组织结构必须要更加灵活,沟通方式要更加高效,同时要能够适应"超越单纯利益捆绑为目的"的合作。无论是阿里巴巴、京东、腾讯,还是华为,都在持续发展生态平台组织的道路上越走越远。目前的共识是,要繁荣平台经济,必须建立起能够有效融合和稳固绑定多元相关方的组织结构,即平台型生态化组织。

因此,在 Web3.0 时代,商业成功的秘诀将会变成"如何利用技术创新打造出更高效、更广泛的连接网络"。举个例子,抖音的成功就不仅仅因为短视频这种内容形式,关键在于它利用算法智能地连接了更多的需求和供给,这种连接远超出传统电商平台只是满足买卖双方的基本交易需求的做法。在内容上,抖音创造了一个全新的信息供需市场,满足了人们分享和探索的欲望。供需双方的贡献都远远超出商品交易的范畴。供给方很多只是基于分享的冲动,信息的消费方有些也只是为了消遣或猎奇。因为有效地形成了更大的连接,就离商业成功更进了一步。在方法上,腾讯和阿里的短视频仍然在使用熟人手动推荐、精准营销推荐的路径,而抖音用的是智能算法推荐。后者在满足个体需求效果方面的效率要高得多。所以,很多人会发现,抖音推荐的短视频都是自己想看的,导致一个接一个地刷,完全停不下来。

当前,平台经济仍是我国经济发展的重要组成部分。这就意味着,未来的企业组织需要能够更广泛地连接,与更多元的利益相关者建立联系。传统的企业管理方法必须做出改变,以适应这一变化,向着更加灵活和开放的组织结构进化。Web3.0 时代,企业的成功将不仅取决于它们的产品和服务,更取决于它们如何在这个互联、多元化的世界中建立信任与合作。这将引发商业模式和企业管理的彻底变革。

（二）劳动者正在"自我"觉醒，新组织建设需要新方法论

当今时代，我们还在经历一场劳动者自我认知的觉醒潮流。这种觉醒对企业的组织建设提出了新的挑战和机遇。

首先，社会价值观的转变正影响着每一个人。新自由主义思潮不断冲击年轻人的思想，导致很多年轻人在个人主义和集体主义之间摇摆，与上一辈人的价值观形成鲜明的对比。互联网的普及和中西方文化的融合，更是加速了这一过程。东方人开始学习西方人的豁达，倡导个性，追求个人价值。

再看看我们的国情，2020年中国已经实现了全面脱贫的目标，而独生子女政策也造就了许多城市家庭"421"的家庭结构⊖，"六个钱包"⊜降低了年轻人的生存压力。相对旧时代而言，现在的年轻人更有条件去追求自己的梦想，展现个性。

在企业管理实务中，我们可以清楚地感受到，过去那些在职场上行之有效的管理方法对"95后"逐渐失效。本质是年轻人对工作的态度正在发生变化。他们不再将工作视为谋生的手段、生活的全部。工作首先必须是有趣的、能带来愉悦感的。换句话说，依靠低成本劳动力的时代已经接近尾声，我们需要找到新的方法来激发年轻职场一代的活力。

当"事业"这个词不再那么打动人心，我们需要寻找新的策略和措施。最好的方法就是，能够连接个人对真善美的价值追求和组织对个体岗位责任感的要求这两者之间的关系！新生代的特点很明显：他们是知

⊖ "421"的家庭结构是指一对独生子女结婚生子后，由4个老人、他们2个人、1个孩子组成的家庭结构。

⊜ "六个钱包"是指男女两方的父母、祖父母、外祖父母这六个家庭的经济支持。

识工作者，生活压力小，个性鲜明，更看重对工作和生活意义的追求。因此，组织必须学会塑造"意义"，帮助个体实现价值。

量子思维——注重"以人为本"、推崇"多元融合"的管理哲学，将是新型组织构建的理论支柱。这种思维模式不仅适用于构建生态平台这样的组织形态，更是为了打造以人为目的的生态型组织——量子组织。简言之，未来的组织必须能够帮助每个人发现他们工作和生活的意义，这样的组织才能在新时代中蓬勃发展。

（三）消费互联网野蛮生长，急需新技术和量子思维来引导

在 Web2.0 时代，消费互联网如野草般疯狂生长，带来了商业模式的快速创新和市场的集中爆发。但这股狂潮也带来了新的挑战：资本和技术的掌控者在权力的博弈中变得更加强势，而劳动者的命运则变得岌岌可危。越来越多的平台组织利用自身的优势地位，半强制地与劳动者解耦了传统的雇佣关系。根据 2021 年中国人力资源和社会保障部数据，已有 2 亿人成了灵活用工的主体。据了解，大部分劳动者都是被迫走向灵活用工的合作：美团 2022 年有 624 万骑手通过平台获得收入，但绝大部分都是以外包形式存在的。在滴滴平台，根据交通运输部 2023 年 4 月数据，全国网约车司机数量已经达到 540 万人，而作为滴滴母公司的小桔科技，2022 年社保人数才 17 人。这种不平衡的发展模式导致经济成果不断向少数人集中，普通劳动者的消费能力大大减弱。当数据成为第五大生产要素后，这种不平等的趋势甚至有可能加剧。

幸运的是，在国家日益严格的监管和案例警示下，其他与数据打交道的企业这两年也开始关注技术伦理方面的问题，尤其是富集了大量数据的企业，它们普遍达成了一个共识，那就是"数据对本企业既是金矿，又是炸药桶"。

如果只依赖事后监管，当然是远远不够的。低效率和效果有限的传统方法已经不能满足新时代的需求。更重要的是，没有统一的思想和管理理念，就无法有效引导新技术的发展方向。所以，我们需要新技术和新的管理思维来引导互联网商业的生长方向，离开野蛮发展的道路。

我们需要构建一个更加公平、透明的商业环境。其中，技术发展不仅是为企业服务，更是为了全社会的福祉考虑。我们需要创新的视角和方法，确保技术进步能惠及每个人，而不是成为少数人权力游戏的筹码。这才是迈向Web3.0时代的正确道路。

（四）双剑齐发，困境突破之路

面对当前时代的三大挑战——新商业模式和管理的变迁、劳动者的自我觉醒以及消费互联网的野蛮生长，我们的应对策略必须从两手准备，理论与实践并举。这就是"思想"与"技术"的双剑齐发战略。

一方面，我们需要新的管理思想和价值哲学来引领这场变革，一种不同于"以控制为基础"的传统观念，一种"以激发个体责任和热情"为逻辑的新思想价值系统，这就是量子思维。它不完全等同于物理学里的量子概念，而是一种新颖的管理理念，它鼓励我们跳出传统思维的框架，从多元角度看待问题。量子思维告诉我们，企业的成功不仅仅是财务报表上的数字，还包括员工的幸福感、社会责任感，以及对环境的尊重等因素。

另一方面，我们需要能支撑这种新价值哲学的技术，那就是Web3.0技术。它不只是互联网的下一个版本，还是一种能让每个人真正拥有和控制自己数据的技术，可以帮助我们建立更加透明、公平和公正的商业环境，让每个人都能参与到决策中来，而不是由少数股东说了算。

如果说过去的一些先进管理理念，像阿米巴管理、利益相关方理念或海星组织，都是一把把未经磨砺的长剑，那么因为缺少了 Web3.0 这类技术的磨砺加持，这些剑始终难以斩开现实世界的难题。理念即使再充满吸引力，如果缺乏可操作的技术支撑，也无法在实际中发挥应有的作用；同样，缺少了思想来护航，仅依靠技术的单向突围，也注定无法长久。比如，OpenAI 在向世人推出 ChatGPT 工具时，已经预感到潜在的人文威胁，所以在当时同步积极推动了 Worldcoin 项目。项目设想给每个真人发一个"数字护照"（World ID），然后通过区块链技术实现 UBI（无条件基本收入），目的就是确保大量人类在被机器和算法替代后，仍然能够分一杯羹，解决基本的生存问题。但时至今日，虽然 ChatGPT 越来越火，Wordlcoin 项目却已经默默无闻，而 OpenAI 公司的理想也开始妥协了，通过设立子公司全面拥抱商业化。

如今的商业世界大多仍然围绕着一个简单的目标转：为股东创造最大价值。这个目标会带来两大问题。一方面，它不能阻止部分企业通过损害环境、不公平竞争等手段追求短期利润；另一方面，它也无法满足人们在社会责任、环境保护等方面做得更好的企业身上投资和消费的愿望。我们需要的是一种新的商业逻辑，一种能够把追求利润与社会责任、环境保护、员工福祉统一起来的逻辑。Web3.0 就像是为这把新逻辑的宝剑提供了必需的磨刀石，让它变得锋利无比，能够在复杂多变的现代社会中破茧而出，引领新一轮的商业革命。

这就是未来的路：一个更智能、更公平、更可持续的商业世界，由思想和技术共同驱动，为每个人带来更美好的生活。

CHAPTER FOUR
第四章

遥望星空：Web3.0
技术构建数字经济
时代的组织新模型

第三章提到，Web3.0 技术能够改变传统管理。但问题是："为什么非得改变传统管理，特别是传统的组织方式呢？"

一、传统组织模型的底层逻辑与面临的环境巨变

（一）传统组织模型的底层逻辑

所谓组织模型，其实就是一种能让企业有效适应时代商业环境特征的生存结构。就像诺贝尔经济学奖得主科斯说的那样，企业组织的关键在于构建一套厉害的运行机制。这种机制需要保证陌生人一起合作的时候要比光靠纯粹契约化的市场合作更给力，能让所有人都贡献智慧，力往一处使，以相对较低的成本推动项目的进行。

但是很多人都没搞清楚，组织机制能不能好好运行，全靠它最底层的支撑逻辑。而这些底层逻辑，一旦时代、文化还有外面的环境要素变了，就可能不太灵光了，就会把上层的组织机制效率慢慢地拖垮。等旧机制不再适应现行组织时，组织的运行机制就得重新构建。

图 4-1 是我们通过深入分析现代经典管理常用的组织机制所画出来的，称为传统组织模型的底层逻辑，也称为"精英代理决策制"组织逻辑模型。这模型在工业革命之后的两百多年里非常风光，至今还是主流架构。但好多人都没有意识到，它的成功并不是靠某一个部分，必须是

图里这些要素一起发力才行。

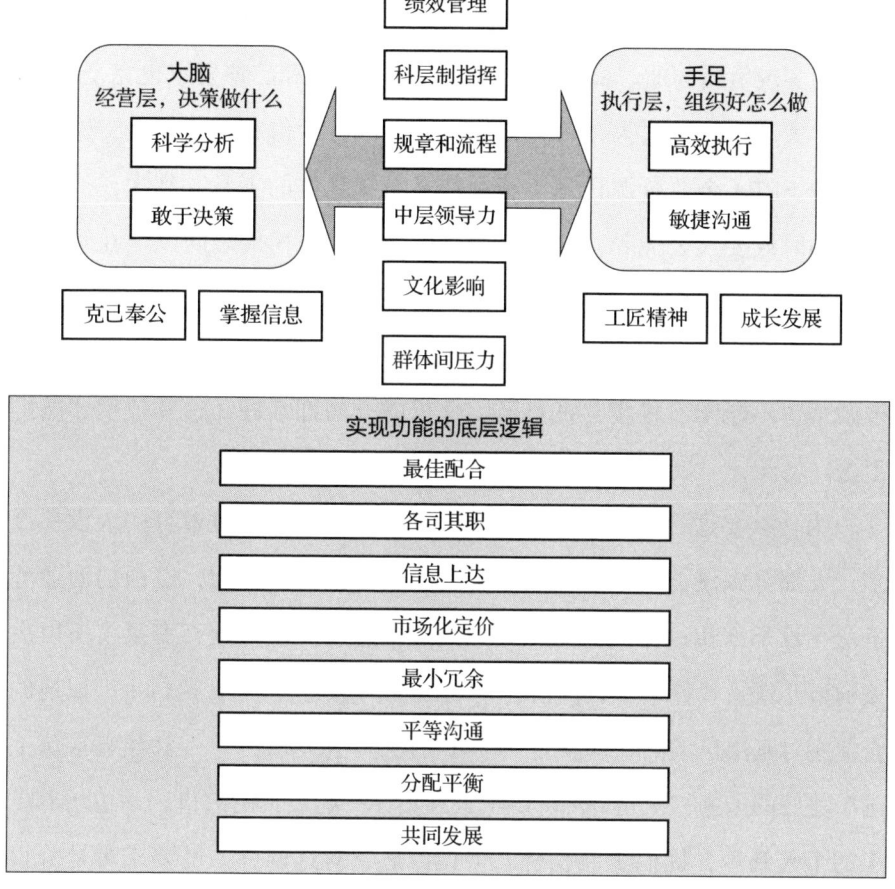

图 4-1 传统组织模型的底层逻辑

从图 4-1 中我们可以看到，现代经典的组织结构就像被分成了"大脑"和"手足"这两大功能。"大脑"就是企业里的董事会、高管团队等决策者。他们主要管战略决策，也就是解决"做什么"的大问题。剩下的大部分人就被当成了"手足"，也就是执行层，专门负责把事情漂漂亮亮地干好。

组织对这两拨人的工作要求是不同的。"大脑"需要科学地分析各种信息，面对不确定性能敢于做出战略决策，并承担风险。"手足"呢，一方面要能高效地一起干活，另一方面还要将组织的内外部信息进行交流传递，实现敏捷沟通。此外，对这两拨人的能力和品德要求也完全不同。作为"大脑"的这群人，首先得能把需要的各种信息都收集全，这就会用到像 ERP（企业资源计划）管理信息系统之类的工具。其次，他们做决策的时候要大公无私。这并不容易，所以"委托代理问题"在管理学里一直是个热门话题。作为"手足"的这群人，主要是干活执行的，组织就会提倡工匠精神，让大家踏踏实实地把自己的工作干好干精；还要鼓励个体不断学习进步，把自己工作里的方法都掌握，这样效率才能提上去。

为什么要这么分工呢？一方面可能是因为以前受过教育的人没那么多，大部分人没能力承担决策这种重大事项；另一方面，以前的商业竞争变化没那么快，比较稳定，要处理的信息也没现在这么海量，所以决策的事儿就是"数量少、价值高"，大部分人力就得用在执行上。以前的企业家对基层员工的要求就是"干好自己分内的事儿"。一边给基层员工画个美好的未来"大饼"，讲讲个人和集体一起成长的故事，一边培养员工的个人修养，提倡工匠精神。但说到底，对这两种人的要求可是分得清清楚楚的。

我们已经看到，这种二元分工的人为架构并非坚如磐石，它需借助一系列管理手段来维系自身的稳定状态，并且这些被视作管理手段的方式，其效果往往难以持久，所以需要周期性地强调来加以巩固，主要包括六种。

1. 绩效管理

绩效管理起源于各级管理者期望下属达成自身所设定的工作要求和

目标，为此制定阶段性的审查节点、过程中的指导以及结果评判机制，并通过将物质与精神层面的激励或处罚权力与之挂钩，以此确保该项事务具备权威性与严肃性。我们所熟知的KPI（关键绩效指标）、MBO（目标管理法）、OKR（目标与关键成果法）等均是在此基础上衍生出的具体方法。

2. 科层制指挥

科层制指挥是一种基于理性——法律权威构建的组织形式，最初由马克斯·韦伯提出。在"大脑"与"手足"相分离的组织框架之中，这实际上是一种能够达成高效、理性且公正的组织管理模式。毕竟，从高层制定的决策直至基层具体的操作实施，需要一个逐级分解与转换的流程。科层制凭借强调组织内部的层级架构与分工，遵循下级对上一级负责的准则，以此保障"手足"能够依照"大脑"的规划付诸行动。

3. 规章和流程

规章与流程均是对组织予以约束的既定方式，二者的区别在于规章侧重于对人员的约束，而流程着重于对事务的规范。具体而言，规章是组织内部用以规范成员行为、明晰权利义务关系的正式规则体系。流程则是指完成一项任务或活动时所必须经历的一系列相互关联的步骤与顺序。规章和流程的出现，旨在确保组织内部人员不会"脱离掌控"。尽管其针对全体成员，但在实际情形中，它们对承担"手足"职能的人员的约束通常更为强劲。

4. 中层领导力

事实上，组织内部的高、中、基层人员皆需要具备领导力。因为领导力的本质乃是推动相关人员迅速形成共同决议并协同行动的"个人影响力"。然而，在传统组织架构里，中层领导力往往在三者之中占据最为关键的地位，原因在于其常常在"大脑"与"手足"之间起衔接作用。一方面，由于双方知识背景、阅历等因素的差异，对于同一事物的认知难以达成一致，这便需要中层领导者能够巧妙地在双方之间开展沟通协调；另一方面，双方时常会出现长短期利益的冲突，此时便需要发挥中层领导力来促成协调运作，依靠中层领导推动组织在矛盾冲突中达成统一的行动。正如彭蕾在任职阿里巴巴CPO（首席产品官）之际所言："无论马云的决定是什么，我的任务都只有一个——帮助这个决定成为最正确的判决。"

5. 文化影响

企业的文化影响是指企业文化针对企业内部成员以及外部相关主体所产生的、能够提升本企业经营优势的效能。一方面，优良的企业文化能够将企业员工紧密地凝聚在一起。当企业秉持积极向上的价值观时，员工会自然而然地产生正能量，并作用于自身行为。另一方面，文化能够在潜移默化中左右员工的日常决策与行为模式，使其行动与企业的价值观及目标相互契合。良好的企业文化还能够激发员工的工作热情，推动员工持续学习新知识、提升技能水准。此外，企业文化在很大程度上塑造了企业在外部利益相关者（诸如客户、供应商、合作伙伴以及社会公众）眼中的形象，并对客户忠诚度与购买意愿产生影响。而上述所有方面均有助于削减企业运营过程中因内耗与不信任所引发的成本。

6. 群体间压力

在著名的霍桑实验之后，管理学者发现工人会为获取所在群体（例如部门、工作团队等）的认同，而对自身行为加以改变或约束。人作为社会性动物，具有融入社交群体的内在需求。因而，群体成员对于被群体接纳、认可的渴望以及对被排斥的恐惧，共同形成了施加于群体内成员的心理压力，这种压力促使成员的行为、态度与群体的规范、价值观及期望保持一致。自此之后，通过塑造积极的群体规范来引导员工行为，成为企业管理的一种常用策略。管理者还会通过奖励契合群体规范的行为来强化这种压力所产生的积极效应。例如，对在团队协作中表现卓越、为提升产品质量做出贡献的员工予以表彰与奖励，诸如奖金、晋升机遇或者荣誉称号等，使其他员工真切感受到积极行为的价值所在，进而更为自觉地遵循群体规范。

上述所提及的六大类管理手段，大家在职场生涯中或多或少地有过体会。然而，为什么现代组织管理都采用了类似的经典架构，且整个组织系统的功能还能顺畅运行，其中还蕴含着更为深层的八个系统逻辑，而这些或许是很少有人会深入思考的。

1. 最佳配合

此处所谓的最佳配合，是指运用脑力与付出体力这两类人员之间的协同运作。统计资料显示，即便是如美国这般强大的发达国家，直至 1940 年，其本科及以上学历人员所占比例仅为 4.6%。学历状况从侧面映射出当时社会整体的受教育情形以及社会群体之间认知差异所形成的代沟。为了能够高效地将众人组织起来，在企业内部将动脑与动手的职能予以区分，分别招募擅长相应职能的人员，此乃基于人群能力差异所拟定的一种较为理想的解决方案。

2. 各司其职

"各司其职"意味着组织内部的各个部门、岗位以及成员均具备明确清晰的职责范畴，并且专注于高效地完成自身所肩负的工作任务。始终秉持这一原则，有时或许会致使组织成员缺乏宏观的整体视角。但即便在当下，诸多欧美企业依旧倡导准点下班且仅专注于本职事务。如此行事的益处颇为显著：一方面有助于规避职责界定不明、工作相互推诿等不良现象；另一方面能够推动个人在特定的专精岗位上持续积累经验，长此以往，劳资双方的合作关系亦会愈加稳固。

3. 信息上达

信息上达是指组织内部自基层或较低层级员工朝着管理层或高层人员进行信息高效率传递的过程。这些信息涵盖了工作进展状况、问题反馈、市场动态、员工的意见与建议等诸多范畴。鉴于经典的组织架构中决策层与基层相互隔离，而基层恰恰是信息输入的主要接触面，故而这些信息的高效上传显得极为关键，它们亦是组织决策以及管理调整的重要依据所在。

4. 市场化定价

此处特别针对的是劳动力的市场化定价机制。在雇佣制度之下，确定给予劳动者薪酬数额最为高效的方式便是借助市场手段来予以配置。换言之，由市场的供求关系、劳动者的技能与素质水准、工作的性质及复杂程度等多种因素共同作用来确定薪酬水平。在市场经济体制下，人力资源配置存在两项基本要求：其一是人员流动需具备充分的自由性；其二是劳资双方在磋商过程中的地位应当平等。由于在劳资谈判过程中企业方通常占据相对强势的地位，为实现平衡，美国大力发展了工会体制，与此同时，将企业的解雇成本维持在较低水平。

5. 最小冗余

在组织管理范畴内，最小冗余是指在确保企业能够有效达成目标的前提条件下，尽可能地削减组织内部的资源浪费现象、避免重叠的职能设置以及减少不必要的工作环节。组织宛如一台精密的仪器，其中每个部件均发挥着不可或缺的关键作用，不存在冗余的部分。最小冗余最为关键的作用在于保障了组织的运行效率。当然，它亦是组织灵活性的有力保障。当市场环境发生变动时，鉴于决策中心位于组织的顶层，过于繁杂的组织结构以及多余的流程审批环节必然会对变革形成阻碍。

6. 平等沟通

平等沟通是指在组织内部，成员之间（涵盖上下级以及不同部门之间）在开展决策、解决问题或者协调工作等进程中，以平等的身份地位、开放包容的心态展开交流与协商。尽管经典架构中的决策部门处于经营管理层，但在具体实施过程中仍需依赖基层力量，因此各方充分地表达自身的观点、意见以及需求，共同探寻最为适宜的解决方案，已然成为组织持续发展的重要根基。

7. 分配平衡

分配平衡主要是指企业在资源分配（诸如资金、人力、设备等方面）、利益分配（例如薪酬、奖金、晋升等方面）以及工作任务分配等多个维度达成一种公平、合理且行之有效的状态。它要求分配规则清晰透明、竞争机会均等公正、分配结果相对均衡。这亦是影响个体积极性、团队协作性以及企业稳定发展的核心要素所在，更是维持"大脑—手足"结构稳定的关键基石。

8. 共同发展

企业在管理实践中常常强调"共同发展"的理念，其侧重于员工与企业在成长历程中彼此促进，达成同步且可持续的发展态势。对于员工而言，身处一个相对稳定的组织环境之中，并且能够眺望到晋升的长远发展路径，无疑是一种极大的心理慰藉。对于企业来讲，员工队伍稳定了，其忠诚度与积极性便会相应提升。企业与个人共同构筑起一个互利共赢的生态体系。

（二）传统组织模型面临的环境巨变

在当下，构建组织所面临的客观商业环境已然历经了天翻地覆的变迁，前文所提及的八个方面的底层逻辑，都正在遭受现实的严峻挑战与侵蚀，其顶端二元分立的组织结构自然也显得岌岌可危。其中，有关外部变化的情形，我们已在第一章讲述。此处从组织的视角出发，再为大家分析三个关键性的变化，具体见图 4-2。

图 4-2　新时代的三大变化

1. 信息过载

在工业时代的早期演进阶段，普通民众一天里面所能接触的新信息颇为有限，且大多局限于本地及其周边所发生之事。即便迈入 20 世纪八九十年代，电话、电视逐步普及开来，可相较于如今，信息仍处于极度匮乏的状态。据相关统计数据表明，20 世纪 80 年代，全球每年新发行的书籍种类长期在数十万种的水平徘徊。大众获取资讯的途径基本被广播、电视以及少量的纸质媒体牢牢掌控。一台黑白电视机或许便是家庭洞悉外界的核心途径，每日定时播出的节目更是寥寥无几。

然而，伴随互联网时代的降临，尤其是 Web2.0 时代后期，局势发生了质的蜕变。信息传播挣脱了时空的桎梏，地球彼端的动态刹那间便能呈现在眼前；信息发布亦不再局限于主流媒体，人人皆可于网络之上发表自身的见解与经历，其中不乏诸多不实编造的内容。昔日对信息的那份热切盼望，早已被当下应接不暇的信息取代。截至 2024 年，全球网站数量已然超过 20 亿个，社交媒体平台每日新增的帖文、图片、视频等内容数以百亿计。过量的信息犹如汹涌澎湃的潮水一般，将每一个人重重环绕。人们清晨苏醒睁眼，手机便被各类推送信息填充得满满当当，社交软件上未读消息的红点密密麻麻，电子邮箱内促销、资讯邮件堆积成山。如果在工作学习之余，想借休闲放松之时浏览网页片刻，瞬间就会被五花八门的热点话题、八卦新闻裹挟，我们在海量信息的狂轰滥炸之下，常常疲于应对、力不从心。

对于企业组织而言，情形更为严峻。每日管理层皆被海量的数据报表、市场动态报告、行业分析资讯湮没。麦肯锡曾开展的一项调研显示，企业高管平均每周耗费超 20 h 用以筛选甄别各类信息，以期达成精准决策，然而繁杂且无用的信息时常如乱麻般干扰其判断。这种全新的状况严重撼动了精英代理决策制组织架构的有效性，致使决策者往往难以迅速洞察关键趋势，进而延误商机，与市场先机失之交臂。在企业内部信息流转层面，信息过载也已经成为前行的"拦路虎"。企业内部沟通工具繁杂多样，邮件、微信群、企业 OA 软件消息纷至沓来。员工日均接收工作相关信息可达上百条之多，大量重复、无关紧要的通知分散其精力，致使团队协同的节奏陷入紊乱，而真正具备价值的商业信息却愈加难以精准地被传递到企业的决策核心。

2. 自我主张

时至今日，知识劳动者已经逐渐成为主流。全球居民受教育程度也在不断提高。据最新数据，美国居民的本科以上学位比例已经超过 30%；中国截至 2024 年，本科及以上学历人口也已经占总人口的 9.18%。同时，一种着重"自我主张"的文化也在蓬勃兴起，深刻重塑着社会的内在肌理与个体的精神风貌。比如，以往的中国教育多侧重于听从师长教诲，然而现今更倡导的却是"听从自己的内心"，个体均被教育要学会自己独立自主地做出判断。国际教育协会的调查发现，超 65% 的学生在学业选择方面相较前辈学长们展现出更强的自主性：摒弃家长的包办代替，依据自身的志向选定专业、规划课程，主动投身科研、实习活动以塑造独特的竞争力。学生们自幼便学习自主把控知识探索的节奏，学会为自身未来的人生负责。这些现象与互联网的深度普及是紧密相连的：信息传播的壁垒被彻底击碎，社交媒体平台赋予每个人平等发声的契机，从而使得个体的表达欲望被充分点燃。渐渐地，人们愈加倾向于自作主张，为自身的观点、生活方式勇敢站台。

这种文化变革已然对职场产生影响。领英的数据表明，超 80% 的年轻职场人在职业规划方面不再单纯仰仗公司安排，而是依据自身的技能、兴趣主动抉择；"95 后"职场新人的首份工作平均持续时长自十年前的 27 个月锐减至不足 7 个月。年轻人不惜频繁跳槽，也要追寻契合自我主张的发展路径。

这种文化变革还在消费市场引发波澜。大众消费的情形持续减少，个性化消费主张蓬勃崛起。尼尔森报告指出，超 75% 的消费者在选购商品时优先考量契合自身个性、价值观的产品，"定制化"消费蔚然成风，从定制运动鞋到私人旅行方案，消费者以实际消费行为宣告自我主张在商业领域的主导地位，驱动企业从批量生产迈向个性定制的崭新时代。

3. 分配固化

组织内部的分配固化问题极有可能成为压垮精英代理决策制组织架构的致命稻草。我们此前剖析过，"大脑"与"手足"职能分离的前提条件在于两类人群的待遇差异不宜过大，否则极易滋生不满情绪与不配合行为。然而，现代主流的二元组织架构已存续两三百年之久，"大脑"部门与"手足"部门的员工群体在多年各自团体的内部教育、交际等因素作用下，已然固化形成各自的利益阶层，阶层之间的流动与包容变得愈加艰难。

从薪酬维度考量，美国劳工统计局的调研显示，在 2019—2023 年，传统制造业一线工人薪资与管理层薪资多年来维持两极分化格局。新入职员工即便怀揣创新理念与前沿技能，其薪酬起点也会被死死限定于既定的低位区间，晋升加薪通道狭窄，微薄薪资难以匹配其创造的价值。

在发展资源分配方面，同样弊病丛生。埃森哲针对 200 家企业的分析表明，超 70% 的企业存在研发资金向成熟产品线过度倾斜的现象。企业虽然倡导创新，然而由于传统组织治理结构中经营层规避风险的固有倾向，致使新兴创新小组常常因资金匮乏而举步维艰，新创意难以孕育诞生，产品迭代滞后迟缓，错失市场发展的有利契机。即便是会议室、设备等办公资源的分配亦是"论资排辈"，核心部门独占优质资源，边缘团队只能于局促的条件下艰难运作，协作失衡，创新的转化效能大打折扣。

晋升机会的分配问题更是沉疴痼疾。一项涵盖多行业的职场研究显示，超 60% 的中高层管理职位被内部特定小团体长期占据达 10 年之久，外部精英望"职"兴叹，内部年轻才俊苦无出头之日，职业天花板仿若重压，组织新鲜血液难以注入关键层级，活力渐失，暮气沉沉，创新思维被陈旧的权力架构禁锢。长此以往，在日趋白热化的外部市场竞争中，传统的架构组织必将深陷发展困境。

综上所述，信息过载现象严重冲击了传统组织架构中精英阶层的决策效率与准确性，自我主张的新文化价值致使必须让渡决策权的基层部门可招募的劳动力基数持续缩减，分配固化则使得已在基层部门任职的员工采取规避风险的行为，甚至在工作态度上有所懈怠，进而破坏了对上层决策的信息采集支持工作。美国总统特朗普重新上台执政，就彰显出这种不满情绪，另外基层暗中不配合高层的潜在风险更是持续推高企业运营的行政成本。战略大师加里·哈默在《组织的未来：一个激发工作中每个人创造力的有效计划》一书中，就详尽描述了这种组织架构失能的现状，以及官僚主义滋生所引发的巨额行政成本是如何致使组织运转失效的。

二、超越时代的"道"组织模型

我们前文提过，组织模型其实是一种能让企业有效适应时代商业环境特征的生存架构。组织模型如果要发挥效能，就必须与时俱进，随时代的变迁而不断演变。不过，这是从实践操作层面考量所得出的结论。恰似世界存有其内在的"道"一般，在组织实践模型持续变动的更为深邃的底层基础之上，我们凭借量子价值观构建起了一个超越时代局限的"道"组织模型。"道"组织模型超脱于时代以及具体的组织形式之外，它宛如一种指引性的准则，告知我们于不同的时代背景下应当如何构建与之相适配的具体组织架构。

正如图 4-3 所展示的顶层结构，当我们深入探讨究竟应怎样变革企业管理的组织结构时，需要明确一点：这仅仅是由于时代的更迭，我们依据"道"的根本原则而构建出的具体形式罢了，就如同树木所结出的果实。然而，我们更应将目光聚焦于它的根基部分，也就是"道"所蕴含的核心内容。

（一）模型最底层：量子世界观的"道"与量子组织观的"道"

处于"道"的最底层根基之处，乃是我们对世界最为本质性的认知。诚然，基于每个人所秉持的"理"的差异，其各自所认同的"道"亦会有所不同。但从量子思维与哲学观的视角出发，我们认定世界发展所遵循的唯一根本原则即"以人为本"。而如果要达成"人本"的成效，一方面要确保技术发展能够惠及广大民众，另一方面则需巩固大众在经济循

第四章
遥望星空：Web3.0技术构建数字经济时代的组织新模型

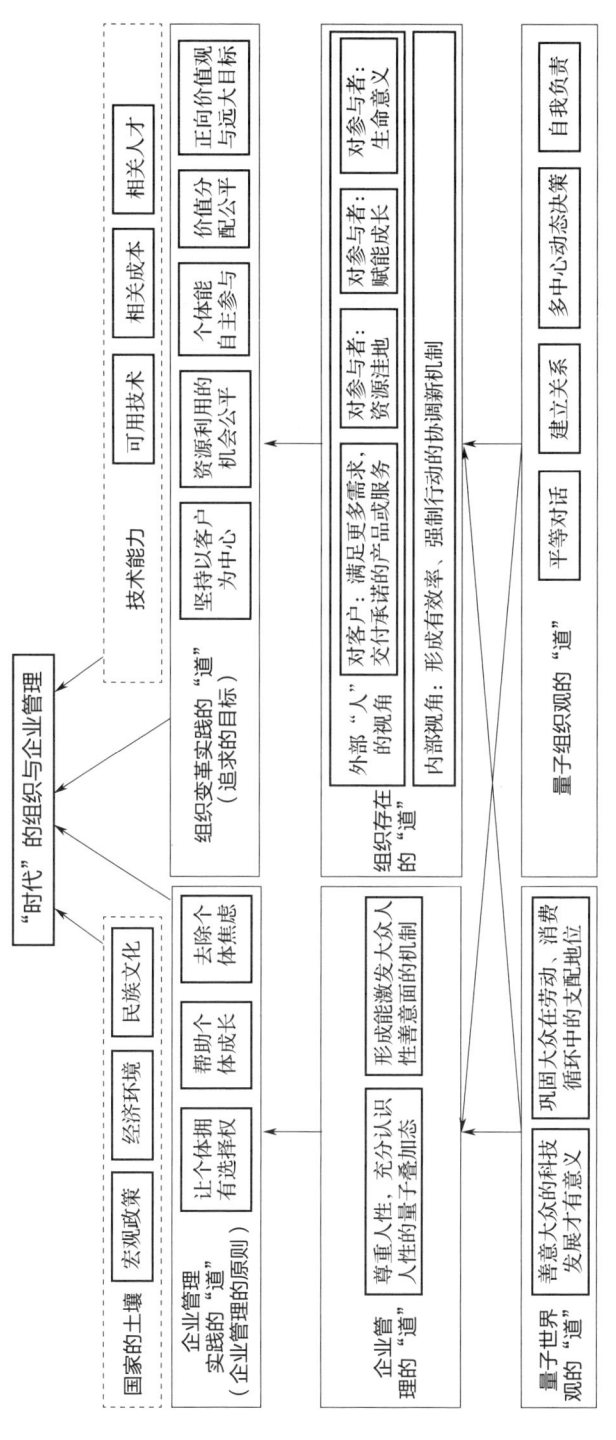

图4-3 超越时代的"道"组织模型

环体系中劳动和消费环节的支配地位。其中的具体逻辑关联，我们已在先前章节中予以详尽剖析，在此便不再赘述。

从量子思维的维度深入探寻，我们进而推导出组织建设的"道"。其核心在于解答"什么样的组织方能真正践行以人为本"这一关键命题。我们在第二章曾探讨过人性的量子叠加态问题：唯有切实激发个体向善的潜在能量，才会催生出更多积极向上、富有责任感且具备创新精神的个体，进而共同推动组织大生态体系的蓬勃发展。因而，无论处于何种时代，"以人为本的组织"所秉持的"道"皆恒定不变，均致力于实现以下四个目标。

1. 平等对话

量子组织的核心理念在于更为广泛地激发群体的主观能动性与智慧创造力。而资本、地位、信息等因素所引发的不平等现象，往往会打击弱势群体的行动意愿与创新动力。故而，倡导位高权重者身怀"不耻下问"的谦逊心态，降低组织内部信息交流过程中的不对称性与门槛，在不过度折损沟通效率的前提下促使更多成员参与决策制定……以上这些举措，或者说"平权"理念，乃是构建组织首要的"道"。此理念的本质即为信息普惠与决策平权。而要切实达成这一目标，最关键的保障举措便是促使各方能够以平等的姿态开展对话交流。

2. 建立关系

相较于实体，量子思维着重强调关系更为关键，因为实体的属性唯有通过与他物或外部环境的相互作用、借助关系的构建方能得以彰显。当运用量子思维思考组织如何获取成功时，其着重指出应将更多的关注焦点置于与周边相关方构建高质量的健康关系之上。量子思维的拥护者会天然地认为，每一个企业均无法脱离更大的整体环境或生态体系而独善其身。作为大生态中的有机组成部分，唯有实现"你好大家好"的共赢局面，最终方能确保自身的良好发展态势。

3. 多中心动态决策

量子思维秉持动态、发展的观念，组织唯有持续迭代更新自身、积极应对全新挑战，才是实现长治久安的正确路径。世间万物皆有兴衰，任何静态的产品、人才乃至运营模式均无法长久维持巅峰状态。因此，量子思维认为组织才是能够保持常青的主体，但其前提是组织需要具备持续激发一波又一波能量子的能力。鉴于量子涨落具有一定的随机性，故而在组织中主事、行事、成事的主体不可能固定不变。成员们应当能够在不同的项目、不同的时期灵活兼任各异的角色。在机遇降临之际迅速行动担当主角，在他人的舞台上亦能坦然扮演配角。这相对于传统固化的金字塔式组织结构而言，无疑是一种具有颠覆性的创新变革。新时代的组织因应客户需求而生，以项目聚散为特征，从组织平台的层面审视，呈现多中心不断衍生发展的动态结构形态。

4. 自我负责

量子思维主导下的组织是与个人协同成长的共生体。而要达成这一状态，就务必促使员工转变思维模式，使其成为组织的主人而非单纯的工具。将权利赋予大众，意味着大众亦同时需要学会担当相应的责任。这实际上是对每一位员工提出了更高层次的要求，即每个人均需主动地为自身的行为负责，而非过度依赖外部的规则约束与监督管理。新组织架构必须能让每个人的生存发展状态都更为直接地由客户、由利益相关方决定，而非取决于其上级领导。

（二）模型第二层：企业管理的"道"与组织存在的"道"

再向上一层探究，基于量子世界观与量子组织观，我们进一步推导企业管理的"道",即企业管理的底层逻辑究竟应当是什么?组织存在的"道",即量子组织存在的底层逻辑又是什么?

对于企业管理的"道",我们认为主要涵盖两个方面。其一为尊重人性,深刻认识到人性具有量子叠加态的特征。我们在第二章已解释过,多态叠加才是人性的本质属性。所谓尊重人性,便是尊重人性量子态的基本规律,借助概率思维与引导性手段来获取我们所期望的人性表现结果,而非采用压抑、控制人性的错误行径。其二为构建能够引导多数人向善的机制与氛围。我们坚信,激发个体的主动性与创新意识,乃是激发其向善的后续衍生结果,因此激发个体向善才是最为根本的目标。由于人性同样具备类似量子的不确定性,所以将管理措施与手段聚焦于单一个体身上是难以奏效的,我们需要构建外部的规则框架与文化氛围,确保在 100 个人当中至少有 60 人以上能够坚定不移地依照大家的期望出色地完成各项事务,这就是企业管理的"道"。

对于组织存在的"道",我们则需要从其存在的必要性角度予以深入理解。诺贝尔经济学奖获得者科斯指出,组织是相较于外部市场效率更为优化的替代形式。换言之,倘若组织无法彰显出在协同合作、信任构建、风险规避等方面的优势,那么其便失去了存在的价值与意义。以此为原点,我们从内部与外部两个不同的视角展开进一步的推理分析。

1. 从内部视角审视

组织存在的意义实则在于"构建高效且具有强制执行力的协调机制"。组织外部的市场,其本质同样是一种磋商协调、强制行动的机制体系。二者的区别在于普通市场以合同契约作为载体:洽谈合同、协调合同纠纷,构成了磋商协调的过程;执行合同条款则属于强制行动的范畴。诚然,在组织内部也存在合同契约,诸如劳动合同、业绩合同等,但更为关键的是,组织内部的成员们因为认同共享的愿景,在人际关系历经磨合而相互熟悉之后，能够减少提防与抵触心理，进而催生出协同合作的效率优势。倘若这种优势丧失殆尽，组织便会丧失其功能作用，也就难以维系生存发展。

2. 从外部"人"的视角审视

组织存在的意义则更为丰富多元。首先，从客户视角来看，组织生存的首要意义在于满足更多客户的需求，切实交付所承诺的产品或服务。当然，此处所提及的组织特指经济组织，需与政府部门、慈善机构加以区分，否则将遵循全然不同的逻辑规则。经济组织，无论是传统的企业实体，还是基于共同经济目的而组建的虚拟组织，在客户完成购买行为之后，依照约定必须保质保量地进行交付与实施操作，这是企业信用的源泉所在，亦是其生存的根本命脉。除此之外，它还有一层重要意义，即确保产品在价格设定、销售渠道拓展以及使用体验方面，能够让更多消费者"消费得起、购买便捷、使用满意"。这同样遵循了量子世界观中普惠大众的一贯理念。

其次，让我们转向组织的参与者视角。所谓参与者，涵盖了与组织开展合作的各方主体。由于量子思维倡导平等的理念，所以员工、供应商、渠道商，甚至部分客户，均能成为组织经济项目的合作方。或许有人会产生疑问，参与者是否等同于"利益相关方"呢？这二者之间存在些许差异，主要源于各自视角的不同。倘若属于单纯追逐利益的传统组织，那么各方仅仅是围绕利润分配而关联的相关方；而量子组织的合作者或者参与者，他们的需求与关注点是多元的，并非局限于利益层面。但这些参与方在量子思维的框架下亦是自由的，他们有权自主选择与不同的组织开展合作。

那么，为何有些组织能够被选中呢？新组织需要具备提供图4-3所示的三种价值的能力，分别是资源洼地、赋能成长、生命意义。其中，

"资源洼地"意味着在组织关系网络中，相较于其他外部环境，成员能够以相对较低的成本、更为便捷的方式获取各类资源，并且在资源的获取与利用过程中展现出独特的优势。基于这些"资源洼地"，各方所关注的是相互合作的构建过程，打造的是合作共赢、共同成长的关系模式，而非单纯的商业交易作价。此外，组织最为关键的核心竞争力或者说"护城河"还在于，它能够助力参与其中的个人与群体寻觅到志同道合之人，使他们能够清晰地洞察自身生命对于他人、对于社会所做出的贡献。

（三）模型第三层：企业管理实践的"道"与组织变革实践的"道"

在图 4-3 中，从下往上数的第三层，基于第二层的"道"，我们又归纳总结出在具体实践操作层面的一系列指导原则。

在量子世界观的视域下，组织仅仅是辅助个体发展的工具。而组织中的"人"才是真正的核心目的所在。那么，在实施具体的管理举措与安排时，我们需要促使组织助力个人实现哪三个目标呢？其一，确保个体始终保有自主选择权；其二，能够助力个体实现成长与发展；其三，能够帮助个体去除焦虑情绪。倘若以这三个标准来评判衡量，我们不难发现当下众多企业管理手段与方法貌似正与这些原则背道而驰！如此一来，我们又怎能苛责个人不为组织的整体利益考量呢？

正是这种理性认知与现实状况之间的差距，才持续推动着组织不断地进行变革创新，其实质是在动态地平衡组织与个人之间的关系。作为一名企业家或者组织发展专家，是否存在更为具体、能够顺势推动变革的方向与路径呢？我们认为是存在的。

1. 要推动组织坚定不移地秉持以客户为中心的理念

如前文所述，从外部"人"的视角来看，组织生存的首要意义在于满足更多客户的需求，交付承诺的产品或服务。因此，组织需树立全新的思维观念，将客户置于核心地位，而非股东、政府或者其他利益相关方。让客户的需求成为整个组织所有行为的原点，从产品研发设计直至销售服务的全流程均围绕客户需求展开。此事说来容易，付诸实践却颇具挑战。这意味着组织需要深入透彻地了解客户需求，借助市场调研精准定位客户痛点。据此精心设计出贴合客户需求的产品。在服务环节，能够及时高效地响应客户的咨询与投诉，为客户提供个性化的解决方案，甚至能够敏锐地捕捉到客户尚未明确意识到的潜在需求，以改善客户福祉为目标，深度挖掘这些新需求。通过上述一系列行动举措，最终达成组织与客户的双赢局面。更为艰难的是，还需在组织内部牢固确立这种价值观，摒弃可能与之相互冲突的小团体利益诉求。

2. 要推动组织实现资源利用在机会层面更为公平公正

公平的资源利用机会能够充分激发组织内部各成员的积极性与创造力。组织应当勇于打破资源分配过程中的固有壁垒，无论是部门之间还是个体成员之间，均依据实际需求与发展潜力来分配资源。例如，在项目资源分配环节，不偏袒成熟部门，给予新兴团队同等的展示机会与发展空间。构建透明公开的资源申请与评估机制，让成员清晰明了资源分配的依据准则，鼓励他们为获取资源积极筹备并参与竞争，从而有效提高资源的整体利用效率，促进组织内部形成良性竞争的氛围与多元发展的格局。

3. 要推动个体能够在更大范围内自主参与组织的经济活动

个体的自主参与，不仅能为组织源源不断地注入创新的想象力，还能促使个体更为全身心地投入后续的实施工作。组织应当着力构建开放包容的平台，允许个体在不同的经济环节充分发挥其主观能动性。例如，积极鼓励员工提出创新性的业务拓展思路，并为其提供相应的资源支持以鼓励其尝试实践。在决策过程中，组织应广泛吸纳员工的意见与建议，尤其是一线员工对于市场变化的直观感受与敏锐洞察。同时，组织应大力开展内部创业项目，员工可自主组建团队、策划项目方案，组织则提供资金与技术等方面的扶持助力，让个体在组织框架内充分施展自身才华，在实现自我价值的同时有力推动组织经济活动的创新发展与持续进步。

4. 要推动组织达成经济成果分配更为公平合理

公平的经济成果分配既是组织稳定有序运行与持续发展的坚实保障，又是引导个体向善的关键核心因素。"心怀怨怼，举止乖张"，个体自然难以能够满怀热情、尽职尽责且积极协同合作。分配过程应当综合考量个体的贡献大小、努力程度以及岗位价值等多方面因素。对于那些做出突出贡献的成员给予丰厚的奖励，以激励其持续奋进；同时，切实保障基层员工的基本权益，依据其工作量与工作质量给予合理的报酬。采用多元化的分配方式，如绩效奖金、股权激励等，确保不同层级、不同岗位的员工均能在组织发展进程中切实受益。此外，组织如果能够适当引入一些先进的技术手段，使分配规则更为透明清晰、反馈更为及时高效，弱化一部分人为因素的干扰影响，便能够有效凝聚组织的向心力，促进全体成员为实现共同目标而齐心协力、努力拼搏。

5. 要推动组织塑造共享的正向价值观与远大目标

共享的正向价值观与远大目标能够促使组织成员心往一处想、劲往一处使，亦是组织相较于外部市场机制更具竞争力的关键法宝。组织需要明确界定并广泛传播积极向上、以人为本的量子世界观，推动成员在日常工作中践行。同时，树立远大的目标愿景，诸如立志成为行业领军者或积极推动某项社会变革，让更多的人能够从本公司的产品或服务中获益。组织通过内部培训、文化活动等多种方式持续强化这些价值观与目标，使成员产生强烈的归属感与使命感，深刻领悟自身工作的意义与价值，进而激发他们超越个人利益的局限，为实现组织的长远愿景携手并肩、奋勇前行，即便在面对艰难险阻与严峻挑战时，亦能始终保持坚定的信念与高昂的斗志。

（四）模型最顶层："时代"的组织与企业管理

凭借"道"模型第三层所确立的企业管理实践与组织变革实践的指导原则，我们得以构建契合量子思维价值理念的新型组织架构，并规划与之相应的管理策略。然而，这尚不足以帮助我们得出完备的变革成果。我们仍需兼顾"国家土壤"与"技术能力"这两个因时空差异而呈现出显著不同状况的外部要素，唯有如此，方能最终塑造出我们在组织与管理变革方面的具体成效。

1. "国家土壤"中的三个重要考量因素

此处所谓的"土壤"指与国家紧密相连的各类影响因素，具体涵盖宏观政策、经济环境以及民族文化。

宏观政策宛如指引方向的指南针，它由国家政府依据整体发展战略规划与社会需求状况而制定。在政府职能作用显著的国家，宏观政策的影响力尤为突出，其往往意味着资金、媒体资源、产业链等大量资源的倾向性配置。雷军曾言："站在风口上，猪也能飞起来。"而宏观政策通常便是预示风口来临的路牌标识。任何组织与管理模式皆依附于业务的发展演进，当业务发展顺应政策导向所形成的风口时，组织与管理变革的空间便会得到极大的拓展。

经济环境仿若组织成长的广阔舞台。如前文所剖析的，组织的本质乃是基于契约与人际关系所构建的合作体系。经济环境会直接对组织的运营成本产生影响，其影响层面丰富多样。例如，在发达国家，市场体系相对成熟完备，企业组织所面临的竞争态势更为激烈，市场规则的约束也更为严苛，故而组织需构建高效且灵活的体系架构以应对；而新兴经济体虽可能蕴含巨大的市场潜力，但同时也伴随着较高的不确定性，组织便需在扩张机遇与风险防范之间探寻平衡之道。

民族文化则如隐匿于组织运营深处的灵魂内核。在集体主义文化浓郁的国家，组织内部的团队协作往往更为强调集体荣誉与和谐氛围的营造；而在个人主义文化占据主导地位的地区，企业管理或许更侧重于个人成就的彰显与激励机制的构建。相较而言，在中国，劳动者往往难以将工作与休闲清晰地划分界限，部分老板会毫无顾虑地在深夜为员工安排工作任务；然而在欧美地区，劳动者在下班后可能会拒绝接听老板的电话；甚至在一些新兴国家，劳动者有可能在上班时间邀约工友外出小酌……近年来，受文化全球化浪潮的冲击，在诸多国家，众多劳动者受到中西方传统文化的交互叠加影响，致使其对于管理政策的反应呈现出复杂矛盾的状态，有时表现得颇为主观且易于变动。因此，重视民族文化因素，也是一项确保管理措施得以顺利推行实施的关键考量要素。

2."技术能力"中的三个重要考量因素

"技术能力"同样需被视作影响组织与管理变革的重要内外部维度，它可能直接左右组织沟通的效率、管理反馈的及时性以及变革转型所涉及的潜在成本。其主要囊括可用技术、相关成本以及相关人才三个核心方面。

在当今科技迅猛发展的时代浪潮中，**可用技术**无疑是推动组织变革的强大动力源泉。如今，越来越多的企业尝试在业务流程与管理流程中融入大数据、区块链、人工智能、5G通信等技术的应用实践。技术不仅能够重塑业务流程、提升服务效率与风险管理能力，还能够彻底颠覆传统的组织管理架构与模式。借助技术加持而诞生的新型组织，相较于传统企业将具备更为强劲的竞争效率与发展潜力。倘若组织无法精准把握所在领域的可用技术，必将错失创新与升级的宝贵机遇，进而在激烈的市场竞争中逐渐处于劣势地位。

相关成本是指新兴技术应用于本组织企业管理与变革过程中的综合成本耗费。企业管理与组织变革进程中的技术应用，其本质在于将成熟技术在特定场景下进行创新性迁移与组合运用，故而技术应用的性价比至关重要。例如，众多企业当前会考量应用大数据与区块链等相对成熟的技术，对人工智能这类新兴技术持观望态度，而绝不会贸然引入量子计算这类前沿技术，缘由便在于此。即便对于相对成熟技术的引进，由于需要依据新的应用场景进行相互调适适配，往往也会伴随着高额的研发投入、设备购置以及人员培训等费用支出。企业在组织变革进程中务必审慎权衡技术应用所带来的效益与成本。

相关人才是指组织内部所具备熟悉待引入技术的存量知识以及能提高学习效率水平的人才。其能够极大地削减新技术引入与落地实施的成本。倘若缺乏掌握相关技术的专业人才，即便拥有再精妙的技术蓝图规划，亦不过是空中楼阁般虚幻不实。例如，在人工智能领域，需要大量的数据科学家与算法工程师，若企业内部已拥有此类相关人才，他们便能在后续的组织转型进程中承担起培训、沟通协调其他人员的重要职责。当然，当今时代技术更迭的速度日益加快，更为关键的实则是组织学习新技术的学习效率。倘若一个组织秉持开放性的企业文化，并在学习型组织建设方面成效显著，那么其成功实现变革的概率便会大幅提升。

3."时代"的组织与企业管理范式

精准把握企业管理实践的"道"与组织变革实践的"道"，并综合考量"国家土壤"与"技术能力"这两大影响要素的现实状况，方能探寻到成功的组织与企业管理的总体框架。正如张瑞敏所言："没有成功的企业，只有时代的企业。"同理，我们亦可说："没有永恒成功的范式与做法，只有时代的组织与企业管理。"当您秉持这种观点，重新审视本书前几章的内容时，相信您会同我们一样，深刻理解为何传统的精英代理决策制组织模式正逐渐丧失效能，而未来的组织模式务必在融合量子人本思维与数字技术二者的基础之上，谋求进一步的创新发展。

三、数字时代的新组织模型

（一）链群合约组织模型的基础

链群合约组织作为数字经济时代应运而生的一种创新型组织模型，巧妙地融合了区块链技术、生态社群理念以及合约治理机制，其模型见图4-4。其诞生与发展恰好有力地验证了我们前文所述"道"组织的四个基本推导逻辑。

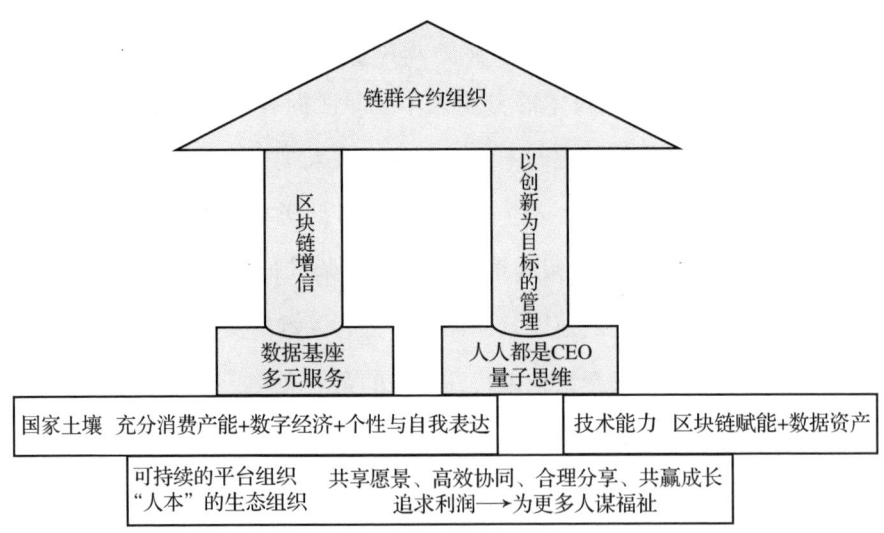

图4-4　链群合约组织模型

1. 商业回归初心

试想，诸位置身一款游戏之中，游戏世界里资源琳琅满目，而每位玩家皆渴望获取最为卓越的装备与技能。然而，有限的资源无法让所有人都富裕。所以，游戏世界就需要一套规则，让大家都知道怎么才能公平地打怪升级、获取装备。这其实就是商业制度的一个缩影。商业制度就像游戏中的规则设计者，其决定了资源的分配方式、归属对象以及获取途径。这套规则在当今社会得以广泛接纳，因其如同游戏的平衡机制一般，能够促使资源得以高效运用，保障各方均有机会畅享游戏乐趣。

回溯人类社会的发展历程，初始之际，每个人就像在玩单机游戏，各自凭借自身力量艰难求生。但人们不久便察觉，倘若组队作战，其成效远胜于单打独斗。团队协作不仅能够显著提升打怪效率，队友还能在彼此需要援助之时及时伸出援手。既然组建了队伍，便理应确立一位主导者来决策"战利品"的分配事宜。诸如早期的酋长制度，即由最年长者担任队长引领众人。随着队伍规模的持续扩张与结构的日益复杂，相继涌现出宗族制度、封建制度，乃至当今商业文明中的计划经济与市场经济等模式。恰似游戏的持续更新迭代，我们的社会亦在不断尝试全新的规则体系。

在现代社会，尤其在西方，市场经济这一"游戏"规则获得广泛认同；而在东方，人们于市场经济的基石之上，着重强调宏观调控这一"修正机制"，旨在当"游戏"出现漏洞时，由政府这一"开发者"予以修复，确保"游戏"的顺畅推进。然而，有时我们过度聚焦于为少数高分玩家（股东）提升分数，却遗忘了"游戏"的初始本心——让每一位玩家（普罗大众）皆能领略"游戏"的愉悦。

商业制度本应使众人皆能从中获益，而非仅使少数人成为游戏的赢家。量子思维启示我们，世界具有整体性。当商业制度长期仅服务于少数群体时，便如同游戏中仅有极少数人能够获取顶级装备一般，如此游戏终将被玩家摒弃。

商业与经济的真正价值在于服务大众，此乃其存在的核心意义与初始本心。犹如学校的意义是培育学生，商业与经济的目标应该是增进人民的福祉，而不是技术发展或者赚取利益。企业作为经济架构中的基础单元，理应肩负起这一使命担当，绝不可仅仅局限于追求股东利益的最大化。令人欣慰的是，当下越来越多的企业家开始认可并接纳这一理念，众多企业已积极投身于向"以人为本"的生态组织转型的浪潮之中。

从人文视角深入剖析，这种组织形态与传统模式存在显著差异。往昔那些以效率为首要考量的企业，若员工个人工作效率低于组织设定的平均标准，便会如不合规格的零件般被无情替换。然而，生态组织中的个体成员只要未实施损害整体利益的行为，组织便会以包容之态接纳每一位成员，推动组织内部成员充分施展自身优势，达成彼此间的和谐共处与共同发展，进而实现各美其美、携手共创繁荣。

2. 创新的组织架构尝试

与此同时，我们亦需坦然承认，企业内部资源终究有限，而组织外部又不可避免地面临同行业的激烈竞争。倘若组织缺乏有效手段来践行"共享愿景、高效协同、合理分享、共赢成长"的组织基本逻辑，便难以在竞争环境中长久存续。

在技术手段尚欠成熟的往昔岁月，企业与经济体制不得已采取了一些权宜之计，诸如由少数精英代大多数人进行决策，或者借助市场的"用脚投票"机制自然淘汰那些不受欢迎的企业。这些方法并非商业与经济活动的本质内涵，仅仅是在当时技术条件限制下不得不采用的临时应对策略。然而，伴随Web3.0时代的来临，国际社会开启了运用分布式自治组织革新传统公司治理结构的探索之旅。

2016年，以太坊诞生了"The DAO"项目（DAO, decentralized autonomous organization, 去中心化自治组织，是基于区块链技术的组织

形式，其原型是 2016 年在以太坊上的一个实验性项目）。该项目试图通过智能合约自动执行规则，借助治理代币让成员通过投票直接决策资金分配等事项。然而该项目很快失败，直接原因是其黑客通过代码漏洞盗取了项目资金，但我认为其更深层矛盾是其治理逻辑的缺陷：过度追求算法化去中心决策，反而使代码本身成为不可调整的"超中心"。纯粹依赖代码治理有其局限性——算法虽能消除人为操控，却无法应对复杂多变的现实需求。因此，当前实践更倾向"分布式自治组织"（distributed autonomous organization）模式，在保留区块链透明可信特性的基础上，采用动态多中心设计：既通过智能合约约束基础规则，又允许特定条件下的人为干预（如多签机制、紧急暂停功能），同时建立代币持有时长加权等机制平衡决策权分布。这种改良方案既避免了单一算法中心的脆弱性，又防止权力过度集中于少数持币者，在 MakerDAO 等项目中已得到有效验证。作为一个去中心化的风险投资基金，其依托以太坊区块链的智能合约技术，并获 Slock.It 团队开发的框架有力支撑。在筹资阶段，其积极鼓励人们投入以太币来换取 DAO 代币，最终成功筹得 1.5 亿美元，荣膺美国历史上规模最大的众筹活动。"The DAO"项目的治理机制赋予代币持有者直接参与项目投资决策的权利，摒弃了传统的股东大会间接影响机制。这种模式不仅显著提升了透明度，还有效减少了代理问题与"暗箱操作"现象。尽管该项目后续遭遇黑客攻击并受到美国证监会的质疑，但其尝试为后来者以及以太坊平台的后续发展积累了弥足珍贵的经验。

近年来，诸如 MetaCartel 孵化器和 Aragon 平台等更多类似项目，在技术与监管的双重推动下逐渐走向成熟。而在中国，亦有大量投资涌入相关技术基础设施建设领域，有望借"新质生产力"之东风，迎来蓬勃发展的新契机。这些新兴的 DAO 项目不仅代表着技术的显著进步，还彰显了企业与经济活动回归初心的坚定尝试,即切实秉持真正为人民服务的理念。

3. 中国的土壤

(1)产能有待充分消费 诚如图 4-5 所总结的,我国现代与未来商业相较于过往的核心差异在于"从追求工业时代的'供应'规模经济向追求互联网时代的'需求'规模经济的转型"。往昔商品供不应求之时,企业运营的核心发展导向聚焦于大力提升生产效率,凭借规模化生产所衍生的效益优势,全力抢占更大的市场份额。然而时过境迁,当下我国已步入投资产能过剩而需求相对不足的全新发展阶段。在此情形下,如何更为有效地深度挖掘潜在需求,充分消化前期投入的庞大产能,并在此过程中切实惠及广大民众,已然成为商业运营领域的关键要点与当务之急。而达成这一目标的唯一有效路径便是全力推进需求侧改革。具体而言,需求侧改革主要涵盖两个重要层面。其一为深度挖掘需求,例如借助细分市场、精准定位的策略,深入探寻不同客户群体的个性化需求,同时运用刺激情感的手段,触动消费者内心深处的购买欲望,从而创造出更为丰富的需求场景。其二则是要具备高效的手段对细分需求进行聚类整合,充分发挥企业的柔性生产能力,通过灵活调整生产流程、优化资源配置等方式,在满足多样化需求的同时有效解决生产成本过高的问题,以此实现企业经济效益与社会效益的双赢局面,推动我国商业经济朝着更为健康、可持续的方向稳健发展。

工业时代的"供应"规模经济	互联网时代的"需求"规模经济
□生产效率驱动获得成本优势	□利用技术的进步在需求侧取得优势
□成本优势形成良性循环	□网络效应、需求集聚、应用开发等提升需求网络价值
□巴斯夫、通用电气、福特等成为行业巨头	□需求规模经济成为当今世界经济价值的驱动方式

图 4-5 我国现代与未来商业的核心差异

（2）用好数字技术这一强大工具　而要实现上述理念，在当下时代最为有效的方法就是：充分运用数字技术。数字技术仿若一把万能钥匙，能够开启需求侧改革的重重关卡，为商业变革注入前所未有的机遇与活力。

- 首先，在深度挖掘需求层面，数字技术凭借其强大的数据收集与分析能力，能够精准洞察消费者的行为模式、偏好习惯及潜在需求。其通过互联网平台、移动应用、物联网设备等多渠道广泛采集海量数据，涵盖消费者的浏览历史、购买记录、社交互动等丰富信息。随后运用先进的数据挖掘算法、机器学习模型以及人工智能分析技术，对这些数据进行深度处理与解析，从而精准绘制出消费者画像，清晰识别出不同消费群体的特征与需求差异。

- 其次，在聚类细分需求方面，数字技术提供了高效便捷的解决方案。借助大数据处理平台与云计算技术，能够迅速整合与处理来自不同地区、不同行业、不同消费层级的细分需求数据。通过构建智能聚类模型与数据分析框架，将具有相似特征与需求倾向的消费者群体进行有效分类与聚合，形成一个个具有明确需求特征与市场潜力的细分需求标签簇。

- 最后，在利用企业柔性生产能力解决成本问题上，数字技术同样发挥着不可或缺的作用。通过数字化生产管理系统、工业互联网平台以及智能制造技术的应用，企业实现了生产过程的数字化、智能化与网络化。企业能够实时获取生产线上的各种数据信息，包括设备运行状态、原材料库存情况、生产进度安排等，从而依据聚类后的细分需求灵活调整生产计划与工艺参数，实现生产线的快速切换与柔性生产。

总之，当下及未来已然步入数字经济时代，唯有充分运用好数字技术这一工具，企业方能在激烈的市场竞争中屹立不倒，实现可持续发展。

（3）符合中国年轻人的新职业观　在全球化浪潮汹涌澎湃的当今时代，多元文化借助互联网、影视娱乐、国际交流等渠道广泛传播，年轻一代在成长历程中充分接触到来自世界各地的成功故事、创新理念与自由精神。西方的创业文化强调个人奋斗、突破常规、追求无限可能，这些观念深深烙印在年轻人心中，激发了他们内心深处对成就一番事业的炽热渴望。社交媒体上无数年轻创业者的励志故事，更是成为他们竞相效仿的楷模。这一切使得他们坚信，自身亦能凭借独特的创意与不懈的努力开辟一片新天地。越来越多的年轻人怀揣着老板梦，渴望在商业舞台上崭露头角，掌控自身的职业命运，实现自我价值的最大化。

与此同时，新一代年轻人成长于信息爆炸的时代，接受了更高层次的教育，拥有丰富的知识储备与多元的兴趣爱好。这皆促使他们不再满足于在传统工作模式中机械地执行任务，而是期盼能够将自身的个性、想法与专业技能充分融入工作之中。他们希望工作环境开放包容，能够给予自身空间与资源去创新与尝试，能够容忍自身的失败与错误，使他们得以在持续探索与实践中茁壮成长与进步。

尽管年轻人追求自我与独立，但在中国传统文化的长期熏陶下，集体主义观念依旧根深蒂固。家庭传承、学校教育以及社会舆论皆在潜移默化中使他们深刻认识到集体力量的强大与重要性。在面对困难与挑战时，他们潜意识里期望能获得集体的支持与帮助，恰似在家庭中遇到问题时即刻便能得到父母的庇护一般。这种矛盾心态彰显了他们在个体与集体之间寻求平衡的不懈努力，既想在组织的舞台上尽情绽放个人光彩，又期望组织能在风雨来临时成为自己的避风港。这就为企业和组织在管理与人才培养方面提出了崭新的课题与挑战，急需企业在尊重个性与强调团队协作之间探寻契合点，构建适应年轻一代需求的组织文化与管理模式。

4. 技术能力

当前恰逢 Web3.0 区块链赋能产业经济、数据资产等鼓励政策纷至沓来的绝佳契机,二者相互交织,将为企业借力实现数字智能化转型绘就蕴含巨大潜力的时代画卷。

(1) **Web3.0 区块链影响管理与组织**　管理一家公司宛如平衡天平,一端为效率,另一端为公平。传统公司的管理模式多为"上命下服",决策迅速且集中。这种模式固然能在短期内统一行动方向,却往往忽视了普通员工的心声。基层员工在资源与机会的分配上常常处于劣势地位,其想法亦难以被充分倾听,最终致使他们对组织整体的发展显得漠不关心。企业家与管理者亦早已察觉此问题,然早年因技术条件的限制,众人参与决策难以实现,故而管理层唯有依赖少数人的决策。若企业让每位成员皆参与决策,其进展或许会缓慢得令人难以忍受。

所幸,在 Web3.0 时代,管理者们有了全新的解决方案。区块链技术、智能合约以及去中心化自治组织(DAO)等技术为管理提供了平衡效率与公平的崭新工具。区块链使得每一项决策与记录皆透明且不可篡改,如此一来,每个人对团队的贡献皆有清晰记录,而数据亦有助于构建信任关系。智能合约能够设置多场景的触发条件,并自动执行合同条款;一方面缓解了经济学家奥利弗·哈特提出的"不完全契约"难题,另一方面亦通过刚性执行增进了合作双方的信任。基于多模数据的各类看板与分析,还可助力各方动态追踪项目最新进展,便于及时介入与干预,更为有效地引导项目朝着预期方向发展。DAO 则借助代币投票系统,使所有成员皆能参与决策。如此,每个人的声音皆能被倾听,且这种参与还可通过算法建立可投票数量与他们对团队贡献之间的关联。

这种去中心化的新型组织方式,通过代币持有者的投票决定组织内部资金、劳动力、数据等各类生产要素资源的投入方向。并且，任何人皆可尝试发起项目，众多尝试中表现优异者自然能够通过市场方式获取更多支持，从而彻底实现多中心、动态的机制。这是一种更为高效地整合资源、迭代尝试的新型组织方式。

（2）数据资产政策降低变革风险、增加潜在收益　2024年1月中国数据资产"入表"政策的出台，昭示着全新的发展风向。此前不久，国务院国家数据局已于2023年10月25日正式成立。一系列举措将为Web3.0区块链技术在数据价值挖掘与利用方面提供政策红利与广阔的发展空间。伴随数字经济的蓬勃发展，数据已跃升为关键生产要素。政策积极鼓励企业踊跃探索数据资产化的有效路径，推动数据的合规采集、存储、交易与应用。Web3.0区块链技术在其中扮演着举足轻重的角色，其能够确保数据的真实性、完整性与安全性，为数据资产交易营造可信的环境。

这一系列的发展态势为创业者、企业以及投资者带来了前所未有的时代机遇。创业者们敏锐捕捉区块链与数据资产融合的创新应用场景，诸如基于存量数据开发各类可交易的数据产品，通过领先的行业数据集聚与数据服务构筑先发优势，为企业铸就全新的护城河。企业亦将Web3.0技术纳入自身战略规划之中，通过优化内部管理流程、提升供应链协同效率、创新金融服务模式等方式，增强自身的核心竞争力，实现数字化转型与可持续发展。对于外部投资者而言，基于区块链技术的创新金融产品在风控方面蕴含着巨大潜力可供挖掘，数据资产运营领域亦潜藏着丰厚的投资潜力。

（二）链群合约组织模型揭秘

1. 链群合约组织模型的基础架构

以Web3.0数字技术为基础来重塑组织模型，虽兴起于美国，近年来已渐获国内企业家与专业学者的瞩目。其中，引领潮流者无疑当属海尔的前首席执行官张瑞敏先生。他不仅在自家企业大力推动组织朝此方向转型，更于2021年末与清华大学经济管理学院技术创新研究中心携手创立了链群合约研究中心。清华大学技术创新研究中心主任陈劲教授于2024年在机械工业出版社出版了专著《链群合约：物联网时代的生态组织管理新模式》，详尽剖析了这一管理模式的独特魅力。

图4-6摘取自《链群合约：物联网时代的生态组织管理新模式》第十一章，从中可以明确看到链群合约的组织模式与传统的现代组织结构大相径庭。

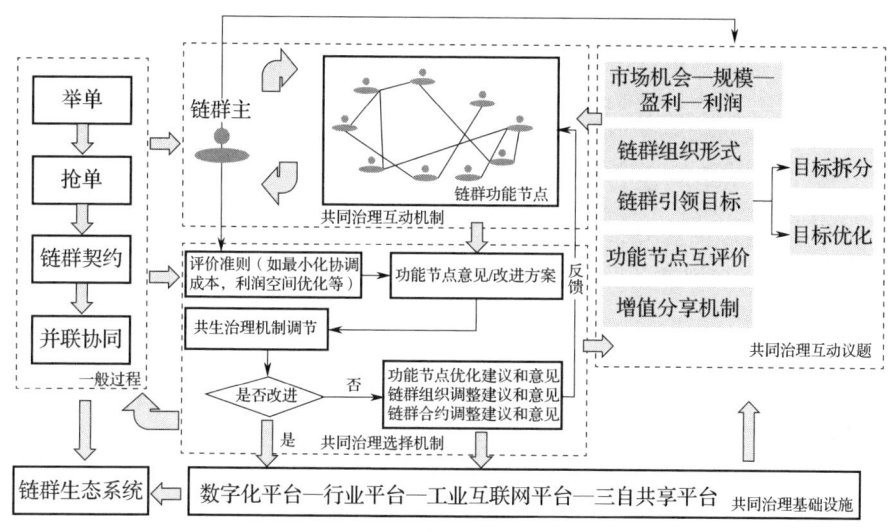

图4-6　链群合约参与者共同治理模式

- 其一，其构建必须依托数字化平台，且需具备强劲的行业或工业数据吸纳与处理效能。唯有如此，劳动力、数据等各类生产要素资源方能于该网络中达成高度的互联互通。个体的一举一动、生存与发展轨迹，皆在虚实交融的网络空间中彼此影响、休戚与共。同时，伴随着物联网与传感器等技术的日渐成熟，崭新的商业模式与互信构建途径应运而生,即基于数据的客观信用评价模式。此外,数据平台还有一项重要功能,即"成为组织与个人持续合作的最佳黏合剂"。因为要建数据平台,其数据的隐私保护与安全性显得至关重要,因此就需要区块链等 Web3.0 技术的有力支撑。

- 其二,借助每个团队及个人的历史信用数据,针对孵化项目展开双向举牌,以此确保生产要素组合的灵活性,并最终构筑起生态系统。Web3.0 技术凭借加密手段,既能实现数字虚拟身份与现实身份的精准映射,又可使用户对自身网上身份信息予以选择性外显展示。同时,用户于组织中的历史贡献能够以权益(Token)等形式与数字身份同步呈现。如此一来,有效保障了数字身份与现实阶层关系的隔离。当有分歧的时候,其他相关用户还会依据其在互联网上所表达的内容与提案进行投票表决,无须再考量现实生活中的人情世故。以上一切,最终确保了在互联网全新环境中营造出平等的对话空间,从而激发出更多的创造性思维与创新活力。

- 其三,运用数字化工具,动态追踪项目的推进态势,针对异常情形,及时助力团队以内部自治的方式予以调适。去中介的动态机制并非仅体现于项目举牌抢单阶段,数字化系统亦能辅助项目团队及时开展"关差"(海尔内部针对进度未达预期的特定表述)监督,倒逼团队要素或运营模式的自我迭代优化。

我们认为,链群合约组织模型的核心要旨在于达成"管理协同的去中介化",促使组织与内部成员、外部客户之间实现零距离接触,得以直接互动交流。而新技术需要能够帮助组织塑造一种全新的、更为高效且透明的运营模式与架构体系。Web3.0 恰是实现此种转型的关键技术集群。

2.Web3.0 实现链群合约组织管理的主要技术栈

为了更妥善地帮大家理解"Web3.0 是如何支撑并运作新组织,进而践行新商业逻辑的",接下来引入若干必要的专业技术知识。

Web3.0 技术在体系结构上可以具体概括为数据层、网络层、共识层、智能合约层、应用层以及激励机制六个部分(见图 4-7)。图 4-7 引用自我们 2020 年出版的《区块链导论》一书,是由柴洪峰院士指导、马小峰主编,面向高校信息学相关专业学生的一本区块链入门教材。

接下来,我们会把图中一些主要技术的工作机制,简要地为大家介绍一下,以便大家在后续章节更好地理解它是如何与量子管理实现交融的。

图 4-7　Web3.0 技术的体系结构

(1)区块链记账　通俗地讲,区块链是一种链式结构的数据集合,它由一个个数据区块组成,每个数据区块都包含了一定时间内的所有交易记录,还包含了上一个数据区块的数据验证信息,区块的所有信息都会被加密，这就保证了本区块与前区块之间的关系是安全的。

换句话说，区块链是一种利用分布式思想形成的安全机制：把数据记录的长过程切分为一小段一小段的迭代过程，每一小段过程又采取多中心同时记录、随机指定记账人的方法来执行。这就确保即使有数个节点被攻破，还是可以通过其他节点的数据副本来恢复与核查数据。

区块链记账其实就是把这种安全机制应用于现实场景，用创新的方式来建立数据信用。在现代企业经营中，传统的记账都需要会计（可以是人，也可以是软件系统）来做，大家按照要求把要记录的内容请会计帮忙统一记录在一个账本上。这个账本就是以后核查的依据，正常情况下，应该只有唯一的账本。但这种集中式的方法，开放度和透明度都很差，很难保证数据的真实性。而在区块公有链中，每一个节点的账本都完整记录了所有数据，区块链不直接进行账户信息的实时记录，而是通过追溯的方式得出账户实时信息，同时由于任何人都可以创建区块链账户以形成区块链节点，那么公有链中的信息可以被认为是对所有人公开的，这就形成了区块链的开放与可追溯特征。而且，公有链的代码往往是开源的，那么开放可追溯的不仅包括系统中的数据，还包括整个系统的运行规则。

当然，数据完全公开并不适用所有企业场景，毕竟很多信息是需要保密的。所以，基于原始区块链网络结构还发展出了联盟链等。因为加入联盟链是需要准入许可的，读取权限会有选择性地对外开放，并非对全网公开，这就让区块链技术有了更好的适用范围。

（2）共识算法　前面介绍区块链的时候，已经提及它独特的协同与安全机制。传统的数据架构都会有一个或几个"中心大脑"，我们只要做好有限几个大脑之间的协同就可以了。但区块链由于它独特的架构：每个节点都可以是"大脑"，所以需要协同的困难程度就高得多。另外，每个节点都时时刻刻在处理和保存数据,它的安全要求也高了许多。因此,区块链建立了自己独特的共识算法。

想象你跟一群朋友在玩一个游戏,需要大家都同意游戏的规则才能继续玩。在区块链的世界里,这个游戏规则的同意过程就是所谓的"共识算法"。它就像是一个超级公正的裁判,确保网络中的每一个人(或称为节点)都按照相同的规则处理信息。

(3)**密码学技术** 再来说说区块链的密码学技术。因为区块链开放的节点结构,所以区块链之间的信息传输很少采用明文,而是会采用加密的方式。密码学技术是区块链保护数据安全和隐私的关键技术。

(4)**智能合约与DAO** 智能合约是一种让合同条款自动执行的技术,它就像是区块链世界里的机器人律师。传统合约一般由合同主体、合同条款、裁决机构与仲裁对象四个部分构成;而智能合约则是针对拥有数字身份的合同双方,按照他们事先约定的权利和义务,用程序代码方式转化成了数字条款,这些数字条款的执行不再需要裁决机构参与,而是由程序直接自动判断和执行所有条款内容,来分配和转移智能合约里规定的数字资产或者智能财产。这种技术的出现就像是给网络注入了智慧,原来区块链只是处理比特币这类虚拟货币的账本,有了智能合约,区块链才有可能真正帮助建立生态组织、赋能产业。智能合约可以帮我们管理、执行和强制执行复杂的操作,而不仅仅是记录交易,这就大大提升了组织以灵活方式与各方进行合作的能力。

DAO(分布式自治组织)是生态组织的终极形态。DAO具有成员共同参与决策过程、不受单一实体控制地自治运行、所有决策和操作公开可见等特点,这是量子生态组织倡导的愿景。我们发现,智能合约在DAO的世界中扮演着超级英雄的角色:要确保规则自动执行、没有人作弊;要确保组织的钱包按照大家的决定正确地被使用;要确保为组织做出贡献的个体能够获得公平的奖励。这一切都需要智能合约技术的保驾护航。

（5）**分布式数字身份**（distributed identity，DID）是一种与当前主流方案完全不同的身份认证体系，它依靠底层的区块链技术，保护用户的信息不被篡改，确保用户可以控制自己在网上的个人身份。如果需要让某个机构验证身份，可以用可验证凭证的方式，仅授权部分信息，确保个人信息不会被过度使用。打个比方，分布式数字身份就像是你自己的数字护照，里面藏着一套高科技的锁和钥匙——这些锁和钥匙是独一无二的，确保只有你能使用它们。而且，你有多个这样的护照，可以用于不同的场合，而且它们之间没有任何联系，这样就算某个地方你的信息泄露了，其他地方的信息还是安全的。

（6）**隐私计算与数据要素** 隐私计算是一种计算模式，其特点是在保护个人隐私的前提下，仍然能对数据进行处理和分析。例如，美国的《超人》系列电影，克拉克的日常身份是《星球日报》的记者，他不想让人们知道他是超人，同时又想使用他的超能力来帮助别人。你的个人信息就像克拉克的秘密身份。隐私计算的作用就是在保密超人身份的同时，又把你的超能力用起来。隐私计算的实现需要依赖多种技术，包括零知识证明、多方安全计算、可信执行环境、联邦学习等。这些技术联手，让我们在享受诸如健康监测、安全支付、智能家电、网购推荐等各种智能服务时，还能确保私人信息不会被坏人拿去做坏事。

随着第四次工业革命的来临，数据作为新资源、新生产要素备受重视，被誉为21世纪的"石油"。目前的数据既来自个人衣食住行、医教康养、网络社交等行为活动，又来自政府、平台公司、商业机构提供服务后的统计、收集等。数据要素的特殊属性要求加强数据资源的开放共享，即数据越多价值越大，越分享价值越大，越差异化价值越大，越跨行业、区域、国界价值也越大。因此，数据资源的开放共享成为推动社会发展的必然需求。由于隐私计算能够从技术上实现数据的"可用不可见"，数据的所有者、需求者和监管者都可以放心地参与数据的共享和协作，实现数据的价值最大化。当前，区块链与隐私计算的结合不仅解决了多方协作中的信任和隐私问题，而且已经成为各行业数据流通的标配。未来还将彻底改变数据的集中式管理模式，推动数据流通向分布式、多层次、市场化的发展。

3.链群合约组织新模型面临的挑战

链群合约的组织新模型看似前景广阔，但也面临着诸多挑战。其中一部分是数字技术驱动创新管理的通用挑战，而另一部分是中国企业要面临的特殊挑战。

（1）数字技术驱动创新管理的通用挑战

1）低成本、可靠地建立信任关系。任何成功团队的基石都是信任。传统上，建立信任需要时间和面对面的互动。但在数字时代，我们可以借助如区块链技术提供透明度和责任追溯来建立信任。例如，Everledger公司就利用区块链技术追踪钻石生产和流转环节中的环境足迹，确保其道德采购，由此建立消费者信任。同样的技术其实也可以用于确保员工间的公开交流与绩效记录。通过不可篡改的数字记录，员工更容易相信管理层的决策是基于真实有效的数据。

2）高效地、安全地实现集智决策。集智决策是指汇集群体的智慧来做出最佳决策。一个典型的例子是Android手机操作系统的开发，全球的开发者协作、贡献代码，最终创建了一个用户量最多的操作系统，打败了诺基亚公司开发的Symbian和微软主导的Windows Phone系统。企业也可以参照这种模式，通过在线协作平台实现思想的碰撞和创意的集结，同时确保通过加密和访问控制保护知识产权和公司机密。

3）实现人机融合的新平衡。人机协作的时代已经到来。新冠疫情期间，上海九院正式启用了影像AI辅助诊断系统报告标注教学一体化平台，对较大工作量的数据进行阳性病例筛查、分类检出，由AI辅助诊断系统对怀疑病灶区域做标注，再交由放射科医师进一步诊断，从而省去大量阴性病例数据的人力资源占用与浪费，效率提升了十倍。企业也可以利用AI来分析市场数据、预测趋势，让AI处理日常的数据分析工作，而让人类专注于更复杂的决策和创新工作。用这样的方式，达到人机融合的新平衡。

4）实现信息普惠，降低信息门槛。信息的普及对于确保每个人都能获得成功的机会至关重要。近年来，国外高校通过MOOC（慕课），把哈佛、剑桥等顶尖高校的教育资源免费共享给更多人，极大便利了一些想深造的学子。而在企业内部，通过建立易于访问的知识库和学习平台，让更多员工能在需要时获取关键信息，这样不仅可以缩短新员工的学习曲线，还可以提高效率，激发创新。

5）结合金融科技开拓创新。金融科技（financial technology）正在改变我们对金融服务的认知。管理者可以利用金融科技创新来做很多尝试。对内而言，公司可以试点通过区块链技术来发行公司内部代币，作为奖励员工的一种方式，优化薪酬结构、奖励机制；对外而言，公司要主动参与国家数据融资的创新试点，比如上海数据交易所的DCB数据融资、数据资产入表后的转增股本等，都能够有效提升企业借用外部资金的能力。

6）实现多元资产的合理定价和公平交易。透明的评估和交易系统对于任何市场都至关重要，所以企业要建立自己的、关于各类资产的定价标准，甚至是交易机制。在企业管理中，这种透明性可以用于内部资源分配，确保每个部门根据绩效和需求获得公平的资源分配。在对外合作中，可以把各类资源价值化，并以此开展合作。

7）符合国家政策和监管要求。无论我们设计的技术多么前卫，都要站在法律的边界之内。特别是在金融安全、技术主权和数据安全方面，在确保合法合规的前提下，放心大胆地创新和尝试，才能让我们的企业在这个快速变化的时代保持领先。

（2）中国企业面临的特殊挑战　刚刚讨论了来自数字技术驱动创新管理的通用挑战，而聚焦到中国企业如果想要利用Web3.0技术构建链群组织管理模式，在国际政治经济环境日益复杂的当下，还需要额外考虑以下四个方面的挑战。

1）监管合规。由于目前对ICO（首次代币发行）和虚拟货币的严格禁止，基于以太坊的智能合约模式需要适当本地化调整。我们可以通过采用PoS机制替代PoW，使用数字积分替代ETH（以太币），以及使用联盟链代替公链等方式，使得相关机制能在当地法规框架下运行。

2）数据安全。对于关注数据泄露等问题的中国企业来说，本地化部署和中国自主研发的技术平台是一个可靠的选择，毕竟数字系统的不稳定会对客户体验和品牌产生重大负面影响。

3）智能合约的代码安全。由于智能合约产生的交易可能难以停止或逆转，底层代码中的任何漏洞都可能会削弱网络。2016年就曾有黑客利用Solidity⊖的语言漏洞成功攻击以太坊，将价值约6000万美元的ETH转移到隔离的钱包地址中。尽管这几年智能合约代码已经在安全性上取得了显著进步，区块链也加入了诸如拜占庭与君士坦丁等新型共识算法，大大减少了相关风险，但企业仍需选择可靠的技术平台和团队来防范风险。

⊖　Solidity是一种用于编写以太坊智能合约的编程语言。

4）技术理想与现实的弥合。尽管区块链技术起初旨在去中心化，但在现实场景中，我们发现完全去中心并不是最优的解决方案，它可能导致达成共识困难、决策效率低下等问题。现代社会的很多场景中，可能比历史以往更需要强权来凝聚人心。比如，大家都赞叹SpaceX"星舰"在2024年3月的第三次试飞中终于成功进入太空，但这次成功完全依赖于马斯克在前两次试飞失败后，仍然能够顶住反对压力、集中决策权，强行推动新的试飞投入。因此，支持新组织管理的技术方案要能够实现灵活的集权与分权决策模式的切换，即高弹性组织决策方式。

4. 前沿应用：中国企业利用Web3.0技术探索革新的现状

正因为Web3.0技术发展需要符合我们自己的国情，而且链群合约的组织新模型也并非依靠单一技术来支撑，其中还包含了多个互联网数字技术与管理融合的模块，这就需要一个长时间的能力沉淀过程。在过去几年，有部分国内企业积极利用Web3.0技术局部地提升各自能力，从一个或几个业务模块开始，逐渐渗透整个组织的变革。

但值得关注的是，这些企业普遍就"聚集数据资源、构建生态企业群"的想法达成了共识，所做的探索也都是为了这一方向在夯实基础。我们把这些实践探索具体归纳为以下八个方向。

（1）基于多元多模描述历史行为的信用评分 在Web3.0的世界里，信用评分会超越传统的金融评分模型。我们可以通过分析个人或公司在多个层面的历史行为来构建一个更加全面和动态的信用评分系统。这个评分系统中不仅包括财务交易，还涵盖了社交网络互动、在线行为甚至是众筹和参与去中心化金融项目的历史。通过这种多元多模的分析，更加准确地了解一个实体的信用状况。从前一家新兴企业如果要贷款、要招人，最好的方式就是去北京金融街、上海陆家嘴的写字楼租下一整层，然后邀请大家来参观，借此展现企业实力。而未来，只需要向信用系统授权读取你在网上可查的一些数据或痕迹,比如资本金、已授信余额甚至用户数量等。

为了做到客观公正,就需要合适的技术来收集和处理这些海量的数据。区块链、云计算等技术在这里会发挥关键作用,因为它们能提供安全、多来源、可信的数据记录。每个人的每一次交易和互动都会被记录下来,并通过智能合约自动更新信用评分,不仅提高了评分的客观性,还大大减少了信用评估的时间和成本。

(2)基于数字孪生空间的多方案决策效果评估 数字孪生技术是通过创建一个物理实体或系统对象的虚拟副本,来模拟、分析和预测现实世界事件的前沿技术。在链群合约组织的新模型中,会用到通过数字孪生空间来对不同的决策方案进行模拟的技术,以评估每个方案可能会产生的结果和影响,不但试错成本低,而且可以通过人工智能的过程提示发现很多思维死角,及早提出应对策略。最重要的是,通过模拟和可视化的方式,提供了各种方案的更多细节和数据,更便于破除分歧,统一意见。这种模拟可以在经营的多个领域进行,从产品设计和市场策略再到运营管理和人力资源配置。

例如,中国船舶集团通过多年努力建立了数字孪生研发模型,可以实现各种船型的数字建模,并通过虚实交互、在离线共生的多种科学方法,在虚拟空间中让多地工程师共同做研发创新,还可以测试不同的生产流程或设备配置。在数字空间中,可以快速进行多次实验,找到最有效率的生产方案,而不需要在现实中停工或改动现有设备。

(3)基于原则管控、事件记录的数字化系统 链群合约组织强调的是原则而非规则。这意味着,与其制定详尽的规章制度,不如设立一系列的指导原则,让员工在这些原则指导下自主决策。这种管理方式更加灵活,能够帮助员工适应快速变化的环境。但同时也需要及时关注员工自主决策的具体情况，及时帮助他们成长。

在 Web3.0 框架下，可以建立一个基于原则管控、事件记录的数字化系统。这个系统不仅记录每个事件的发生，还把事件与管理原则关联起来。借助区块链技术，所有记录是透明和不可改变的，这就确保了管理的一致性和公正性。同时，对于员工的每次决策，系统会做一个红黄绿灯的提示，提醒员工可能做了低劣决策，还可以把相关知识链接显示在屏幕上，以供员工进一步了解后再做判断。

如今年轻一代倾向于在有更多自由度和自我表达空间的环境中工作，同时也希望系统能够赋能自己的工作，帮助自我成长。链群合约组织基于原则的管理系统提供了这样的工作环境。年轻一代可以在明确的价值观和原则指导下，按照更加贴合实际情境、更加适合自身特点和风格的方法和方式行事，更有效地发挥自己的创造力和判断力，而不是被烦琐的规章束缚。同时，当他们感到迷惑和困扰的时候，知识系统会以便捷的方式提供学习资源。他们知道任何时候所做的决策都会被公正地记录和评价，也就更愿意承担责任并为组织做出贡献。

（4）基于动态灵活可编程的电子合约　　在 Web3.0 的链群合约组织中，动态灵活可编程的智能合约是实现自动化和增强信任的关键工具。智能合约类似于我们日常生活中的合同，但它不是写在纸上，而是以代码的形式存在于区块链上。这些代码就像是一个个有着严格触发条件的"魔法咒语"，只有当指定的条件被满足时，"咒语"才会生效，自动执行合约条款，而且区块链技术保障它很难事后反悔。这个过程不仅快捷，还大大减少了执行合约时可能产生的错误，确保合作双方严格遵守规定，任务按时完成，奖罚分明。

更为重要的是，智能合约在不断进化中，如果合约执行的环境发生了变化，合约当事人可以在智能合约的框架内提出修改建议。只要对方同意，合约就可以立刻更新，而这一切的记录都将在区块链上公开透明、不可篡改地被保存。这就像是在玩一个高级版的电子游戏，双方可以根据游戏规则（也就是合约条件）随时调整策略，保证游戏（合约）始终公平公正。

这意味着大家未来能够在不需要中介或传统法律流程的情况下，以更快的速度和更低的成本进行商业交易。同时，智能合约可以应用于各种场景，从知识付费到房地产交易，再到复杂的企业协作，它代表的是一种信任的机制，一种有效规避风险和减少不必要纠纷的方式。它是那个将技术与法律完美融合的桥梁，是真正意义上的数字化转型里程碑。

（5）基于分级授权的数据分享模式　链群合约组织的核心在于利用集体智慧不断试错、迭代进化。想象一下，如果一个组织能够像海洋中的水滴一样，不断变化形态以适应环境，这就是量子组织管理的魅力所在。但是，这种信息高度开放的管理方式，也需要平衡好与商业机密保护的关系，否则就会打击创新的热情，谁也不愿意做更深入、大成本的投入。

Web3.0特别是区块链技术，是实现这一愿景的关键。它允许数据以透明且不可篡改的方式传递，同时确保只有获得授权的人才能访问特定信息。这种分级授权的数据分享模式就像是一个精密的保险箱，不同的人有不同的钥匙，只能打开他们被允许开启的那部分。

对于年轻一代来说，这不仅关乎保护隐私，还关乎他们能否主导自己的数据。在数字化世界中长大的他们，比任何时候都更加重视数据的掌控权。他们渴望一个平台，既能让他们充分发挥创意，又不必担心个人信息被滥用。因此，企业在进行数字化转型时，必须要考虑如何在保护隐私的同时，能让数据流动起来，服务于创新和成长。这需要建立一种新的企业文化，一种尊重数据所有权、鼓励共享和协作的文化。

（6）基于数字资产化的数据库建设投资　数字资产化是指将非数字资产转换为可以在数字平台上交易和管理的资产。在量子组织中，通过将数据库和其他信息资源数字资产化，组织能够更有效地管理和利用这些资源。这种转换不仅可以增加资产的流动性，还能开创新的收入来源。

在Web2.0时代，数据已经在一定程度上成了企业的宝贵资产。有些企业"偷偷"利用消费者的数据来区别定价和精准营销。但在Web3.0时代，新技术会引导数据资产使用走上光明大道。

对于年轻的创业者和投资者来说，数字资产化提供了一种全新的资产类别和投资机会。在一个充满活力和不断发展的数字经济中，这种模式为他们提供了财富创造和增长的新途径。

（7）基于可与外部数据交互的系统开发　量子组织中的系统不是封闭的，而是能够与外部数据和服务进行交互的。这种开放性使得组织能够利用外部的创新和资源，同时也为外部的开发者和合作伙伴提供了接入点。

这在科技界早就已经不是新鲜事。最著名的早期开放系统无疑是三十多年前诞生的Linux内核，它从一开始就秉持了开源的态度，来吸收各国程序员智慧的结晶。另一个成功案例要数特斯拉。特斯拉在2023年宣布，经过多年努力，终于完成所有初代产品Roadster跑车的原始设计和工程开源工作。不到一年，其部分专利就被同行引用数百次，极大促进了行业技术的发展。当然，作为新能源车行业的国际头部企业，特斯拉也随着行业发展获得了巨大空间。2024年3月18日凌晨，马斯克另一个做人工智能的公司xAI也做了类似创举：在官网宣布开源3140亿参数的大模型Grok—1以及该模型的权重和网络架构。这个包含3140亿参数、296GB 文件的混合专家模型，是"迄今为止全球参数量最大的开源大语言模型"。

未来的大众早就习惯于在开放和互联的世界中生活和工作。像马斯克开源系统的方法，可以大量吸引全球的智慧来帮助人们成长，同时也为组织带来更多的创新机会。希望在未来，这样的企业家会越来越多。

（8）基于经营创新的工具性系统开发　在数字化转型浪潮中，许多企业都采取了类似的步骤：引入先进的信息技术、优化工作流程、提升效率。但是，随着时间的推移，一些企业发现它们的成效逐渐降低。这是为什么呢？关键在于许多企业的管理思想没有随着技术和社会的发展而更新。它们没有意识到，现在的用户和员工已经发生了变化，尤其是年轻人。现在的年轻人是数字时代的原住民，他们成长在信息爆炸、技术迭代飞速的环境中，已经习惯了互联网的开放性、共享性和平等性，这些特质也深深影响了他们的工作方式和价值观。因此，企业必须采取更加平等、开放和灵活的管理风格。这意味着企业不仅要提供自我驱动、自我组织的工作环境，还要提供相应的工具和平台。在这样的环境中，年轻员工可以发挥自己的创造力，提出新想法，并且得到实践的机会。

为此，我们需要一个新的技术框架——基于 Web3.0 技术的，集自发的、分布式的、动态的、开放的系统开发能力为一体的新框架。Web3.0 作为下一代互联网的代名词，强调去中心化、用户主权和数据隐私。这样的技术不仅可以用于技术团队，还应该渗透到企业的每一个角落。例如，人力资源部门可以使用区块链技术来验证员工的学历和工作经历；市场营销部门可以利用智能合约来自动执行广告投放和结算；产品开发团队可以使用分布式存储来共享设计资源和协作信息。更进一步，当企业能做好自己的数字工具箱系统时，这些工具本身又会成为企业的一种创新产品，并对外赋能其他企业。

需要指出的是，以上八个方向的探索，没有一个是简单的任务，都需要企业全方位改变和适应。虽然这些探索距离实现"Web3.0技术框架下的组织自治"还有很长的路要走，但细微的改变也已经为不少企业带来了活力，帮助它们在未来的竞争中领先一步。

CHAPTER FIVE
第五章

洋为中用：国内企业
如何摸索新组织治理

一、以太坊：Web3.0 链群合约组织的海外样板

以太坊（Ethereum）是由维塔利克·布特林（Vitalik Buterin）和其他联合创始人于 2014 年发起的一个项目。它不仅是一个技术社区，更是一个全球性的开源项目，旨在利用区块链技术建立一个去中心化的计算网络平台。2015 年 6 月，这个平台在众多开发者的共同努力下正式启动。以太坊最初由 Ethereum Switzerland GmbH（EthSuisse）公司负责开发，如今，它由位于瑞士的非营利组织——以太坊基金会（Ethereum Foundation）监管。直至今日，以太坊仍然保持着在全球数字货币生态系统中的领先地位，仅次于比特币，是全球市值第二大的网络。它拥有一个遍布全球的庞大用户基础、开发者社群以及企业网络，这些都为其在技术发展和社区建设方面提供了巨大的优势。

Web3.0 的概念就是由以太坊的联合创始人加文·伍德（Gavin Wood）在 2014 年提出的。然后，他们这群技术极客为了展示 Web3.0 的可行性和远大前景，共同建立了以太坊。在以太坊平台上，全球的开发者可以：

- 使用以太坊的本地数字货币 Ether（ETH）来支付费用，设计并托管在公共区块链上的去中心化应用程序（DApps）。

- 通过智能合约，让这些应用程序能够在满足特定条件时自动执行任务，比如传输信息和价值，从而为新型的互联网经济，即Web3.0，提供独特的商业模式。

随着时间的推移，以太坊已经成长为一个功能丰富的公共区块链平台，用户可以在上面运行各种智能合约和去中心化应用，涵盖金融、游戏和安全等多个领域。

（一）与以太坊相关的一些重要概念

1. Ether（ETH）：以太坊的货币单位

Ether，简称 ETH，是以太坊网络的"燃料"。你可以将它看作这个数字世界的货币。在以太坊中，ETH 不仅仅是一种可以交易的数字货币，它还有三个核心用途：

- 存储价值：就像在银行账户中保存货币一样，你可以在以太坊中保存 ETH。
- 处理交易：无论购买商品还是接收款项，所有这些操作都通过 ETH 完成。
- 支付算力费用：在以太坊网络中，每笔交易或执行智能合约都需要为记账算力支付一定的费用，称为"Gas"。Gas 依据交易的复杂程度而定，用于补偿网络中验证和执行这些操作的计算资源。Gas 的最小单位是 Wei，1018 Wei 等于 1ETH。

2. 智能合约：以太坊的自动执行协议

智能合约相当于一组自动执行的代码，它们运行在以太坊的区块链上，方便用户以数字的方式交换和生产有价值的东西，如金钱、信息、财产或投票权。同时，它也确保交易的透明性和不可篡改性。使用智能合约，你可以：

- 自动处理交易或合同条款。
- 创建数字市场或管理数字资产。
- 无须中介机构即可进行基于信任的交易，例如财产转移或自动执行的财务协议。

3. Solidity：以太坊的主流编程语言

Solidity 是以太坊开发人员用来编写智能合约的主要工具。它不仅用于智能合约，还适用于开发去中心化应用（DApps），构建自治组织（DAOs），以及管理基于以太坊的物联网（IoT）设备。尽管还有其他编程语言如 Vyper 可用，Solidity 目前仍是最受欢迎的选择。

4. DApps：去中心化应用

以太坊鼓励开发者利用其智能合约功能来创建独立的应用程序或工具，这些就是所谓的去中心化应用。这些应用在金融服务、资产管理、供应链和数据安全等多个领域展现出巨大潜力。例如，MakerDAO、CryptoKitties 和 IDEX 都是基于以太坊构建的、目前在美国非常流行的垂直领域 Dapps，尤其是 MakerDAO，已经成为目前最大的去中心化金融平台之一，它用稳定币的方式重构了抵押借贷系统。

5. Ethash：算法

Ethash 是以太坊中使用的挖矿算法，它的特点是对内存需求较高，这意味着挖矿效率更依赖于内存的大小和速度，而不仅仅是处理器的速度。

6. EVM：以太坊虚拟机

EVM 是以太坊网络的心脏、一个强大的虚拟计算环境，允许开发者在其中测试和运行智能合约。它是图灵完备的，意味着理论上它可以执行任何计算任务。EVM 跟踪智能合约的状态变化，并确保所有操作都能在网络中得到正确和一致的执行。它还会在交易进行之前计算 Gas，以防止用户用无限循环或无用的代码损耗系统网络。EVM 的指令集可以带领读者逐步理解 EVM 工作原理，进而理解以太坊区块链技术细节。

通过这些先进的技术，以太坊不仅仅是一个数字货币系统，还是一个完整的编程平台，允许开发者构建复杂的、去中心化的应用，这些应用可以彻底改变我们处理数字资产和在线交易的方式，进而产生 Web3.0 时代的创新商业和组织管理模式。以太坊基于 Web3.0 的组织治理新架构见图 5-1。

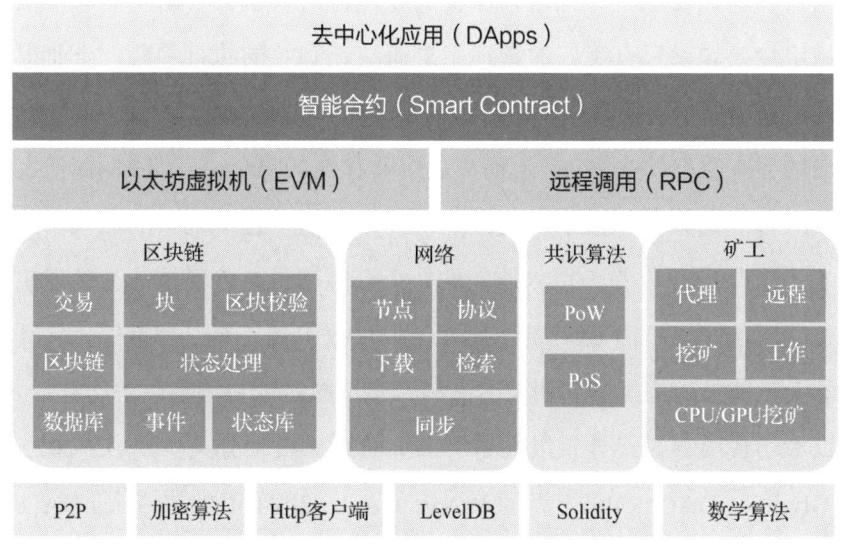

图 5-1　以太坊基于 Web3.0 的组织治理新架构

（二）以太坊的自治管理：用技术创新重塑组织管理

以太坊不仅是一个数字货币平台，它还通过技术革新重新定义了组织管理的方式。分布式自治组织（DAO）其实就来源于以太坊的组织实践，但很少有人意识到，DAO 的理念实现需要链群合约的新底层运行机制来支持。从某种意义上来说，DAO 组织在现阶段的发展本质就是链群合约组织。近年来，DAO 成为企业管理培训的热门话题，这种新型组织形式之所以受到关注，是因为它能更好地激发团队成员的主动性，紧密地将个人贡献与回报联系起来，有效应对诺贝尔经济学家奥利弗·哈特提出的"不完全契约"问题。

尽管 DAO 一度非常热门，但不久后很多企业就在实践中遇到了障碍。一是如何在新模式下降低团队协作的成本。企业形成决策并执行的过程，"就像让一大群类波态的量子个体放弃其他各种可能，共同退相干到同一种粒子态，并始终保持稳定的过程"。传统的企业管理模式通过层级结构和明确的职责分工来确保决策和执行的效率，帮助企业保持结构的稳定性。如果只有美好的管理愿景而缺乏有效的执行手段，企业很快就会失去诺贝尔经济学家罗纳德·科斯（Ronald Coase）所发现的"企业比市场更有效率的优势"，进而失去企业存在的意义。二是 DAO 把大量的组织资源决策权让渡给代码，使得代码承担了过于沉重的风险。2016年 4 月，The DAO 作为以太坊上的一个众筹项目，曾经被认为是理想化 DAO 组织结构在当下运作的试验田，但仅仅不到三个月就被停止，其直接导火索就是因为黑客利用技术漏洞，盗走超过项目筹集以太坊总数 1/3 的以太坊代币，最终导致以太坊历史上的第一次硬分叉。其后，2022 年的 Olympus DAO、2023 年的 People DAO、2024 年的 Tapioca DAO 都遇到了类似的黑客攻击并导致损失。

因此，没有 Web3.0 技术，尤其是智能合约等，DAO 几乎无法实现其理想功能。以太坊在这方面也做出了突破性的贡献：它结合了数字货币和编程语言，为用户提供了一个智能合约的编写平台，让用户能够以智能代码合约为底层系统来确定自己区块链世界的"法律"。这样，才有能力把更多节点连接起来，让系统变得更开放（见图 5-2）。

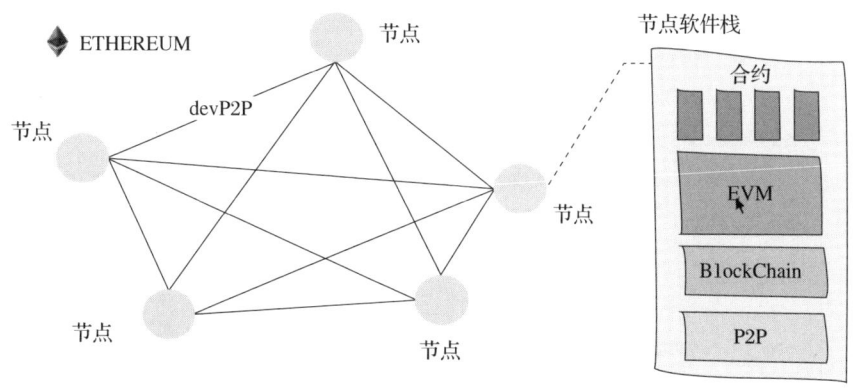

图 5-2　以太坊节点架构图

智能合约的核心在于，它们是由计算机执行的代码，这些代码的执行不会有歧义，除非代码本身存在错误。在同一条件下，这些代码总会以预定的方式运行。这种确定性正是传统法律和合同所缺乏的。

让我们结合图 5-3 所示的伪代码，通过一个简单的案例来理解这一点。假设 A 老板与一位销售高手在 2024 年的 3 月签订了一个绩效合同，承诺如果下个月销售额达到 100 万（为了简化，姑且用 ETH 价值作为计量单位），就会按 1% 的比例支付 1 万个人奖金，额外的销售额也按同比例奖励。现在已经到 5 月，销售高手确信自己在 4 月已经达到了销售额，按照合同自己至少应该获得 1 万的奖金。但 A 老板却不同意发奖金，他坚称这 100 万应该按照实际收到的货款，而非按签订的合同金额来计算。这时，销售高手就不得不花费时间和金钱与 A 老板通过法律途径来解决合同解释上的分歧，还需要各自举证当时的承诺来支持自己的观点，甚至可能打赢了官司却收不到钱。

```
note:***An Ethereum smart contract to Award_Salesman for "HowardHo82"
note:    First, salesman's ethereum address:
put  6bf3683abaffff8ba2995353e5458fde in storage slot SALESMAN
note:    Then, boss' ethereum address:
put  ffbd812d024689f18c0fe3751096d385 in storage slot BOSS
note:    Third, calculate award amount (sales revenue is accumulatively recorded in transaction)
put  transaction * 0.1 in storage slot AWARD
note:    May 1,2024 is 1714492800 in "computer time"
put  1714492800  in storage slot  DEADLINE
note:    If the agreed amount is received on time...

when       transaction  value   ≥  1 000 000 ether
    and    block  timestamp  ≤  award salesman
then   note: ...then pay the salesman
           ...
           spend  contract balance to storage slot SALESMAN
```

图 5-3　以太坊智能合约示例

如果这个合同是基于以太坊的智能合约编写的，就能避免类似问题。如图 5-3 所示，所有条件和规则都会被清晰地编码，并自动执行。销售额的计算和奖金的支付将直接通过代码来实施，避免了关于合同解释的争议。

图 5-3 是以两人合作为例，建立了一个名叫"Award_Salesman"的智能合约简化版本。如果不具备编程知识，一开始要读懂图 5-3 所示的代码合约可能会花点时间。但一旦学会如何阅读，这份代码合约会比现有律师起草的合约要通俗易懂得多。

在图 5-3 中，合约先确定了老板和销售高手的身份（老板为 BOSS，销售高手为 SALESMAN），并直接说明这场交易通过记账交易额来判断：到了截止日期，系统会自动判断，只要交易额超过 100 万就不可撤回地支付 10%（即 AWARD）给销售高手。

在区块链世界里，代表身份（即账户地址）的是一串哈希字符值，因而交易双方需要在以太坊区块链上确认彼此的身份。合约输入了销售高手的以太坊账户地址为"6bf3683abaffff8ba2995353e5458fde"，同样输入老板的以太坊账户地址为"ffbd812d024689f18c0fe3751096d385"。经过双方确认身份无误后，合约执行日期就是 2024 年 5 月 1 日，届时以太坊会根据已经累计的销售额自动计算 10% 的佣金，如果销售额达到 100 万的目标，就自动支付佣金；否则就拒绝支付。智能合约会调取老板账户的 ETH 并经过合约平衡函数完成自动支付。

这种订立合约的新型方式，"分歧少、成本低"，即使是编程新手也能够自行编写基础的智能合约。通过这种方式创建的智能合约有效地避免了传统合约中常见的"我以为"的误解，缔约双方是否依法履约的不确定性也一并被消除。也就是说，"代码脚本写成的这份合约，既定义了合约内容，又保证了合约内容的执行"。

本质上，由代码编写的合约是一个明确无误、不可违反的承诺。只要合同双方认可这份合约，它就会被自动执行，无论是否有人试图违反合约或提出异议。代码成了一种强有力的语言，其内置的逻辑将自动执行，不受任何个人意愿的影响，就像一部运行精确的机器法律。

现代企业的本质不过是各种契约的集合，大部分的合约都涉及经济价值的交换或具有某种经济后果，因此可以在以太坊上用代码实现人类社会中各式各样的法律与合约。

当我们用智能合约来完全实现诸如业务合作、股权与激励、投票决策、多方磋商等管理行为时，它就实现了"大范围参与、低成本沟通、少争议处理、刚执行兑付"的效果，最终以技术手段解决了部分商业的基本问题，即降低信任成本。通过这种方式，以太坊不仅可以降低前期沟通订立合同的成本、简化合同执行过程，还提高了企业运营的效率和透明度，从根本上改变了传统的企业管理方式和组织结构。

（三）以太坊组织与管理架构的优势总结

当今时代数字化浪潮汹涌，数字化对组织管理形态的影响成为各界关注的焦点。而链群合约组织犹如一颗璀璨的新星，在这一领域展现了无与伦比的独特魅力，尤其是以太坊平台对它的成功实践，更是让人们清晰地看到了新管理与组织模式所蕴含的诸多优势。

首先，帮助企业打开边界，吸引更多的参与方，甚至是全球化的参与，是链群合约组织最为显著的优势之一。在传统的组织模式下，地理因素往往成为限制组织发展规模的瓶颈：成员的招募、资源的整合以及合作的开展大部分局限于特定的地域范围之内，难以实现更大范围的协同。链群合约组织彻底打破了传统组织的地理界限，借助互联网和区块链技术的强大力量，让全球任何角落的成员、利益相关方都能够轻松地加入其中。这意味着组织能够会聚来自世界各地不同文化背景、专业技能和资源优势的个体，形成一个庞大而多元的网络。例如，一个致力于环保的链群项目，可能会吸引来自欧洲的环保技术专家、亚洲的公益活动组织者以及美洲的资金提供者等的共同参与。他们可以在这个平台上分享各自的经验、知识和资源，共同为全球的环保事业出谋划策并付诸行动。这种全球化的参与不但为组织带来了更广泛的资源，包括人力、物力、财力以及信息资源等，而且极大地促进了创新的产生。而在今天，能够整合更多资源并不断创新的组织，无疑将在市场中占据先机，引领行业发展潮流。

其次，链群合约组织支持的去中介的民主化决策过程为组织管理注入了公平与透明的新活力。在传统组织中，决策往往集中在少数高层管理者手中，普通成员的意见和建议难以得到充分的重视和表达。而在新架构里，每个成员都通过对项目的举牌权、投票权，拥有直接参与决策的权利，他们可以更容易、更高频地发起、讨论和表决各项决策，所有成员能够看到项目的进展，也降低了信息门槛。例如，当一个链群项目面临重大项目的投资决策时，成员们可以在专门的平台上提出自己的看法，对投资的可行性、风险等进行深入的讨论。通过投票机制，每个成员的意见都能得到体现，并反映在最终决策中。这种民主化的参与过程能够调动组织成员的积极性和主动性，让他们感受到自己是组织真正的主人，增强成员对组织的归属感和忠诚度，营造良好的组织文化。更重要的是，项目一旦获得收益或遭受损失，都能够迅速地根据决策时的投票权，直接反映在个体参与方的盈亏账户，真正实现"共享收益、共担风险"。

再次，技术保障的过程透明性是新组织模式的又一突出亮点。区块链技术的应用使得所有的规则和交易都被不可篡改地记录在链上，并且公开可查。这一特性从根本上杜绝了传统组织中可能存在的暗箱操作、腐败行为以及信息不对称等问题。在传统企业的财务往来中，账目造假、资金挪用等不正当行为时有发生，而在新组织中，每一笔资金的流向、每一项规则的制定与执行都清晰地被备案在区块链上，方便权威部门日后审计。基于这种高度的透明性，员工、合作伙伴、客户以及监管机构都能够放心地参与组织的各项活动，大大提升了组织的可信度。

此外，链群合约组织的最终形态是借助智能合约半自动化实现的高效管理方式。在传统组织中，大量的人力和时间被耗费在烦琐的合同签订、执行与监督过程中，容易出现人为错误和纠纷。而智能合约能依据预设的规则自动执行各种任务，无须人工干预，极大地降低了管理成本。整个过程高效、快捷、准确，大大提高了交易效率和用户体验。同时，由于减少了对人工管理的依赖，组织可以将更多资源投入到核心业务的发展和创新中，提升组织的整体运营效率和竞争力。

最后，以太坊独特的、对创新和贡献的鼓励机制为组织的持续发展提供了源源不断的动力。在这个开放平等的平台上，成员们无论是提出新的业务模式、技术改进方案，还是在社区推广、资源整合等方面做出努力，都能够为成员赢得相应的声誉、代币奖励或其他形式的回报。这将激励成员更加积极地投入后续的开发工作中，也会吸引其他成员向其学习，积极参与创新活动。这种鼓励创新和贡献的氛围能够充分激发成员的潜能，让组织始终保持创新的活力和进取的精神，共同推动组织不断向前发展，适应快速变化的数字社会环境。

二、中国特色的链群合约组织探索

Web3.0 技术体系，特别是其中的区块链技术，的确能助力链群合约组织更为方便高效地实现其功能效用，然而其也并非新组织变革的核心。更重要的是借助数字平台工具推动企业朝着量子组织观的方向转变，也就是要促使组织达成"平等对话、建立关系、多中心动态决策、自我负责"的目标状态。

尤其值得关注的是，自 2024 年 1 月 1 日起，国务院六部委协同发力，推动企业数据资产"入表"政策施行；7 月 18 日，京东旗下的京东币链科技（香港）有限公司宣告参与香港稳定币发行的沙盒测试。这一系列事件彰显出我国政府对于区块链技术赋能产业、驱动金融创新的基本立场。当然，在技术发展路径上，仍将摸索一条契合国情现状的路线。

接下来，我们借由三个真实的国内企业案例，看看它们是如何凭借自身不懈探索，在量子组织的本质层面达成单点突破，进而实现创新成长的。

（一）上海数据交易所：为企业打造共同的数据——数字基座

1. 新组织中数字基座的重要价值

在我们之前所有的新架构分析中，最重要的一个共性就是需要数字基座。数字基座可谓这个时代企业组织成功转型的关键。因为只有通过它，我们才能够享受数字经济时代的红利，吸引各方参与，高效地把各方组织起来，将这种合作关系与数字平台捆绑，并可长期维持下去。

目前企业搭建数据平台主要有四个方面的功能：一是与新媒体结合、赋能营销端，尤其是流量引进与新客导入；二是通过与内外部成员分享和分析数据的方式来赢取信任，获得更多的合作资源，尤其是金融资源；三是汇集运营相关的各方面数据，使得决策分析、运营过程中更加智能，反馈更加及时和高效；四是与生产、流通、行政等各类系统打通，形成更深度、更智能的联动和自动化操作。其中，前两种数字基座因为导入资源更直接，所以作用更明显。但由于金融监管，数据——金融化的平台，一般企业除非自己有丰富的投资资本储备，否则是无法实现的，只能由国家指定的企业作为数字基建的一部分。所以，上海数据交易所的业务对于想实现链群合约组织的企业，意义十分重大。

2. 让数据从"内用"到"交易"

上海数据交易所（以下简称数交所）是在上海市人民政府指导下组建的准公共服务机构。其实行企业化运营，而且是三大国家级数据交易所之一。它是在2021年11月25日正式启动的。数交所目前不仅是上海推动数据流通和数字经济发展的关键场所，还是全国探索数据市场发展新模式的一个重要平台载体。

数交所的设立有着极为明确且重要的目标，旨在大力推动数据的交易和创新应用，让数据作为第五生产要素在市场中顺畅地流通起来，进而催生更为巨大的经济价值。在其目前已经获得的众多成果之中，第一项关键成果便是构建起了数据产品的场内交易市场。

很多企业对于数据并不陌生。实际上，已然有相当数量的企业在过往的实践中，巧妙地运用数据改善自身运营状况。例如，企业借助数据来分析消费者的偏好与购买习惯，从而调整产品的设计与定价策略，获得更高的利润；或者利用数据来优化供应链管理，通过减少在途与仓库库存的方式来提高运营效率；还有些企业通过项目的数据看板来彰显自己先进的管理能力，进而获得更高的报价。然而，这些应用往往只是让企业收集的数据在企业内部循环里打转，数据的价值未能得到充分彰显，对于企业利润率的提升效果也较为有限。如果我们能够让企业数据成功地从"内用"到"交易"，把数据变成数据产品，它的价值就会以几何倍数增加。数据产品是数据经过收集、整理、加工、分析等一系列处理后形成的，是可以在数据市场或相关交易平台进行买卖的商品。数据产品蕴含着非常有价值的信息，能够为购买者提供数据驱动的决策支持、商业洞察或者技术服务等诸多功能。数据产品的类型主要包括数据报告、数据集、各类App或API（应用程序接口）、数据智能模型等。

举个例子，电商的用户画像数据通常被用于优化企业内部的运营，进行精准营销、关联销售或主动售后等。但某电商企业通过对数据的深度加工和整合，开发出了一款名为"电商市场洞察数据平台"的数据产品。这个数据平台提供多维度的数据分析服务，如行业趋势分析、用户画像分析、竞争态势分析等。该数据产品推向市场后，吸引了众多中小电商企业、品牌商以及市场研究机构的购买。该电商通过向这些客户出售数据产品的使用权限或订阅服务，成功实现了数据从企业内部自用向市场化交易的转变，不仅为自身开辟了新的盈利渠道，还促进了整个电商行业的数据共享和发展。

在数交所建立场内市场之前，其实也有不少企业就数据进行点对点的交易和交换。但在场内交易的好处在于，其交易额和交易量已经通过区块链加密与部分金融机构进行了连接，后续可以根据这些数据在金融机构进行融资。

也正因如此，数交所的数据产品市场正在经历飞速发展。根据2023年11月25日数交所举办的全球数商大会公布的数据，有超过1700个数据产品在数交所挂牌，年交易额达到了10亿元。而在一年后的2024年11月，产品挂牌量已经超过4000个，交易额也超过了40亿元。

目前，已经在数交所挂牌的数据产品来自不同的所有制企业，如中央企业、地方国企和民营企业，覆盖了交通、金融、能源、商业和房地产等多种行业。这些数据产品不仅为卖方企业带来了新的经济增长和业务合作机会，还让买方企业能够提升服务质量和监管能力，加深了产业的商业价值并创造了新的服务场景。例如，一家钢铁交易平台通过挖掘数据揭示了钢铁贸易的活跃程度和特点。地方政府和企业通过购买这些数据就能够增强自己的区域经济研究和市场分析能力。另一家数据服务机构提供了商业地产的详细消费信息，数据买家可以通过叠加地理信息和支付数据，为自己的商业决策提供更可靠的依据。

各类平台凭借其广泛的业务覆盖范围与庞大的用户群体，积累起海量数据资源。这些数据往往具有鲜明的独特性，是平台在长期运营过程中，通过用户的各种交互行为逐步收集、整理而得的。对于普通个人而言，想要自行构建起如此规模庞大且复杂的数据体系，几乎是一件不可能的事情。数交所目前推动的数据共享与数据交易新机制，为平台与个体之间的关系构建开辟了新的路径。当平台将部分经过合理处理的数据进行共享时，个体就能够从中获取到有价值的信息，从而更好地规划自身的发展路径、优化决策过程。

如此一来，平台与个体之间便形成了一种紧密的利益关联与合作关系，如同被一种无形的力量紧紧捆绑在一起。而数字基座在这个过程中就开始发挥其关键作用了，它就像是一种强力的黏合剂，在平台与个体之间搭建起稳固的桥梁。数字基座通过一系列先进的技术手段，如安全的数据加密传输技术、精准的数据匹配算法以及高效的数据存储与管理机制等，确保数据在共享与交易过程中的安全性、准确性与高效性，使得平台能够放心地将数据资源以合适的方式与个体进行交互，个体也能够信任平台所提供的数据环境，从而积极地参与到数据共享与交易活动之中。这便是数字基座所发挥的极为重要的黏合剂作用，它为后续更为深入、多元的数据生态体系构建奠定了坚实的基础。

3. 让数据变资产

数交所取得的第二项了不起的成果就是成功构建起了数据资产交易市场。数据资产简单来讲，就是以数据这种形式存在着，并且有着实实在在的经济价值或潜在经济价值的资产。我们也可以借用数交所总经理汤奇峰的原话来进一步解释一下。他说："数交所对数据资产有几个识别标准，叫作'四不''五可'和'六类'。先说'四不'，意思就是那些不符合法律法规要求的、产权不清楚的、没有明确经济价值的或者底层是金融资产的数据资产，是不会在数交所上市交易的。再看'五可'，这意味着数据资产必须要能够做到穿透、确权、定价、流通以及溯源。最后说说'六类'，指的是当下可以拿来交易的数据资产种类，像文博衍生品、数字文创产品、消费场景相关的数据、品牌营销数据、产业应用数据以及数据知识产权这些都在其中。"

如图 5-4 所示，是数交所推出的第一个数据金融服务产品——"数易贷"的流程。"数易贷"是数交所联合上海建设银行、上海工商银行、上海银行等多家银行一起做出来的，是一种基于数据来提供信贷的服务产品。

它最大的亮点就是不需要企业提供其他抵押物，就能直接给企业发放贷款。

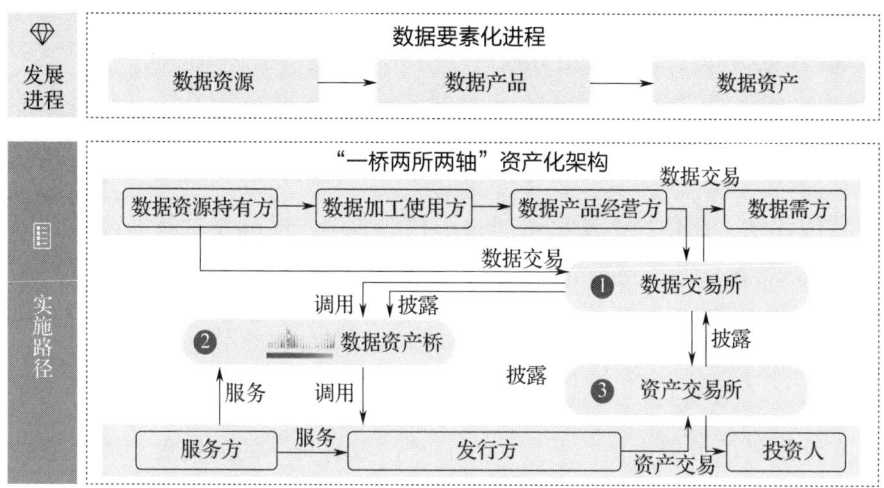

图 5-4 "数易贷"的流程

"数易贷"的出现意义重大。大家都知道，现在科技行业发展迅速，传统的会计制度有点落后了，没办法全面地反映科技公司真实的资产能力。平常都是用资产负债表、利润表和现金流量表来描述一个企业的财务状况。这些报表主要是从交易和资产的角度去评估企业的实力，却把企业在数据和科研等方面的发展潜力忽略了。比如说华为，在 5G 研发上投入了大量时间和巨额的资金，在产品还没有商业化并且开始盈利之前，它的价值用传统的会计方法根本就没办法体现出来。还有很多科技企业，可能并没有特别雄厚的固定资产，但是它们的发展潜力是非常大的。国内目前的情况是，企业主要通过银行和信托这些金融机构来进行间接融资，这些机构通常都会要求企业提供足够的实物资产作为抵押或者担保，这样一来，很多科技企业和数据服务企业就因为没有足够的实物资产而被限制了融资能力，发展也受到阻碍。好在我们政府已经察觉到了这个问题，并且积极地采取了措施来解决它。2023 年 8 月，财政部发布《企业数据资源相关会计处理暂行规定》，明确规定从 2024 年开始，企业数据资源的确认范围和会计处理适用准则，还规定了怎么在财务报表里列示和披露这些资产，这就给数据资产的资本化提供了法律依据。

因为数交所场内所有的数据产品在挂牌之前都要经过非常严格的审核，数交所会协调第三方服务机构对数据的合规性及应用场景进行深入细致的评估，评估完了还会给通过审核的数据产品颁发"数据产品登记凭证"。这样做可不仅提升了数据交易的可信度，还解决了数据交易的确权和信任难题。这些措施其实都是数交所给数据产品"增信"的方式。

万一"数易贷"出现了坏账的情况，银行对于质押的数据其实并没有特别好的处置办法，所以，在整个"数易贷"的流程里，数交所的 DCB 就发挥了极为关键的作用。"DCB（data-capital bridge）"，直接翻译过来就是"数据-资本桥梁"，它其实是数交所构建起来的数据基座。我们可以把它想象成一座桥，专门用来把数据和资本有效地连接起来。DCB 的核心结构被很形象地描述为"一桥两所两轴"，其目的就是要给数据资产的流通和金融化提供一个全方位的支持系统。在数交所的体系之下，所有的数据产品都采用了 Web3.0 底层技术来作为支撑，这样就能很好地确保数据的真实性、可追溯性，也方便监管。具体来说，企业的数据资产信息、产品的详细情况以及交易记录等，都会在保护好隐私的前提下被记录在一个安全的交易链上。同时，数据资产的所有权以及相关的合约都会利用区块链和智能合约技术进行管理和转移，还会接受实时监管。通过数交所的 DCB，放贷银行就能够通过加强贷前和贷中管理，尽量把风险降下来。

除了"数易贷"，数交所还在努力推动数据资产的其他金融创新方式，主要有两个大的方向：一个是让企业能够利用自己的数据资产来转作股本出资；另一个就是基于数据资产的金融资产包和通证化交易。

4. 链群合约组织的数字基座并非只能完全自建

数交所利用其特有的技术和行政资源，为数据资产和资本市场提供了一个重要的"链接"角色，帮助资本市场更有效地挖掘和识别高质量的数据资产。

这其实也为我们带来一个相当重要的启示。对于链群合约组织而言，数字基座无疑是其赖以生存与发展的重要根基。我们以往可能会认为这样的数字基座必须要依靠组织自身去构建，并且一旦建成便相对固定不变。但现在看来并非如此，链群合约组织所依赖的数字基座完全可以拥有更为灵活的特性，它可以是对外开放的，允许其他符合一定标准与规则的外部元素接入其中，实现资源的共享与交互；它也可以是动态变化的，随着技术的不断更新、市场环境的持续演变以及组织自身发展需求的调整，数字基座可以随时进行自我优化与升级，以更好地适应各种新情况与挑战。而且，组织并非只有自建数字基座这一条道路可走，还可以借助数交所这样的外部专业平台所提供的成熟数字基座资源，或者通过与其他拥有数字基座优势的合作伙伴进行合作共建等多种方式，来获取适合自身发展的数字基座支撑，从而为链群合约组织在数字化浪潮中的蓬勃发展开辟更为广阔的创新空间与多元路径。

这个结论并非凭空臆想得来的。在 2019 年，我们便已为常熟农商银行提供技术支撑，用区块链技术把小微餐饮企业的收银数据借由 SaaS 系统实时上传至区块链网络进行存证。凭借这些数据，成功解决了小微餐饮企业因普遍缺少完整开票而难以通过银行经营贷风控审核的难题，以创新的技术手段助力此类企业获取融资支持。彼时，这种创新信贷模式看似颇具风险，然而其实践结果表明，银行并未遭受更多坏账损失。

5. 抓住数据资产改革增量

江山易改，本性难移。改变一个人很困难，要改变一个组织，更是难上加难。无论是助力企业数字化转型，还是推动组织管理层面的转型，我们都必然会遭遇重重困难。有些人会因自身利益受损而持反对态度，有些人则是由于对相关情况缺乏了解而表示异议，还有些人纯粹是因为抵触变化而表示反对。在此情形下，企业便需运用"增量思维"来重新规划转型的切入点。所谓增量，即意味着新的受益群体，而这些受益者将会成为引领组织转型过程中最稳固的拥护力量。

增量思维通常涵盖两个维度。其一，促使组织迈向更为开放的格局，以吸纳更多生产要素参与协作。例如，企业用创新的方法，与不同领域的供应商、合作伙伴、金融机构建立广泛联系，整合各方资源，从而为自身发展注入新的活力。其二，使业务模式更加契合用户需求，避免盲目生产。企业可借助市场调研、用户反馈等手段，精准把握用户的痛点与期望，据此优化产品与服务，提升用户满意度与忠诚度。在所有的增量类型中，金融资源所能够带来的增量无疑是最为可观的。而在当前时代背景下，数据资产无疑是最为优质的增量契机。

如同电商运营与直播带货曾经掀起的热潮一般，上海数据交易所的发展也将成为未来极具潜力的增量风口，因为这是数字赋能普惠金融的国家级战略。

在企业的转型过程中，通过技术手段将数据转化为资产，并逐步实现资产的金融化，这虽是企业数字化转型过程中的一项附带成果，但在未来却具备难以估量的价值。密切关注这一领域的前沿动态，或许能够为企业破解在数字化转型进程中难以获取员工支持的困境提供有效思路与方法。

（二）中远海科：用数据建立更多优质的连接

量子组织观秉持着一个极为关键的观点：一个企业是否成功，要看它与周边建立了多少高质量的关系。在当今数字化浪潮汹涌的时代背景下，这意味着企业需要巧妙地运用数据以及先进的数字科技手段，积极主动地与众多相关方构建起紧密的生态合作体系。数据宛如一座蕴藏无尽宝藏的富矿，蕴含着海量的信息与潜在价值，企业需要精准地洞察各方的需求、优势与痛点。而数字科技则如同功能强大的工具与桥梁，它以高效的数据采集、分析、整合与传输能力，打破了传统合作中的时空局限与信息壁垒。借助数据与数字科技，企业得以跨越行业界限，与上下游产业链伙伴、科研机构、创新型初创企业甚至是跨领域的潜在合作者等建立起全方位、多层次的生态合作关系。中远海运科技股份有限公司（以下简称中远海科）作为上海数交所第一批场内挂牌数据产品的标杆企业，在这方面取得的成就，无疑能给我们带来启发。

1. 传统业务央企对数字化转型的不懈探索

中远海科是央企中国远洋海运集团的子公司，起源于1993年，由上海船舶运输科学研究所联合几家公司在上海成立，最初专注于发展智能交通和运输行业的自动化技术，于2010年5月成功在深圳证券交易所上市，在中远、中海两大航运集团合并重组之后，于2018年2月重新启航。如今，中远海科已经发展成为中国航运信息技术服务领域的领头羊，是中远海运集团推动海洋强国、智慧航运、智慧交通和航运数智化的核心力量。

中远海科的航运数智化相关业务得到了中国远洋海运集团的全力支持，采取"以内养外"的策略，即首先服务集团内部需求，再逐步扩展到外部市场。目前，公司已经成为国内智慧交通、智慧航运及智慧物流解决方案的主要提供者。

中远海科的成长轨迹是国内许多企业数字化转型的典型样板，这类企业主要来自大型国有企业和上市公司。这些公司的数字化转型通常有以下特点：

- **资金雄厚**：这些公司通常拥有强大的资金流，能够持续投资新技术，同时吸引和聘请顶尖专家。
- **长远规划**：它们不会过分关注短期经济回报，而是更注重长期发展目标。只有这类公司才愿意投资回报率较低的数字基础设施，并有能力设定阶段性的发展里程碑。
- **独立的数字化部门**：这些企业往往会设立专门的数字化信息化部门，初期主要服务于企业内部。只有当发现有广泛市场需求的产品或服务时，才会考虑成立独立的子公司，向外部市场提供服务。
- **数据优势**：这类企业通常拥有丰富的数据资源，可以直接从智能设备或现有的数据系统中获取数据。员工对行业业务需求、发展趋势和数字化、智能化也有一定的认知和经验，这大大降低了项目初期的成本和风险。
- **业务整合**：企业的数字化产品和服务主要围绕如何优化和强化现有业务及工作流程。通过运用新技术改造传统业务，创新出更多的服务场景和应用。

中远海科从早期的会计电算化、业务流程在线化，到后来的信息化管理和互联网化，再到现在积极推动数据运营和商业智能化，其数字化之旅是一个持续积累与发展的过程。在企业大规模迁移到云平台的阶段，中远海科开发了一个名为"万舸云"的平台。这个平台涵盖了船舶从入水到报废的全生命周期管理、运营和服务，并通过数据驱动实现了智慧化运营和可视化分析。"万舸云"虽然没有像预期一样，成为服务和整合上下游相关参与方的平台，但它夯实了中远海科的数据平台基座。

2. 用数据建立连接：启动船视宝项目

由于前期万舸云已经把企业各业务系统的数据整合成了一个数据湖，

中远海科启动了"船视宝"项目（见图5-5），开始主动整合更多企业外部的行业数据，主动建立除业务以外的更多连接，积蓄发展潜力。

图 5-5　中远海科"船视宝"项目

它们首先瞄准的是船舶 AIS（自动识别系统）数据。AIS 系统最初是为了防止海上碰撞和方便救援而设计的。几乎所有的液货船、集装箱船、100t 以上内河干线船只以及 300t 以上国际航行船舶都装有 AIS 系统。系统会按照国际标准定期广播船只的 ID、位置、速度和装载货物等信息。从 2019 年 7 月 8 日开始，中远海科开始创建第一张数据表，当时公司管理层对于汇集行业 AIS 大数据到底能产生什么样的收益并没有非常明确的商业变现途径和计划，只是模糊地感觉到建立行业数据大基座能够帮助企业在未来与行业上下游各方更好地建立关联。这在当时是个很果敢的决定，因为 AIS 数据的规模巨大，涉及全球 24 万多艘商船、5000 多个港口、4 万多个泊位以及相关的岸上设备，每分钟新增数据约 3 万条，过去五年累积的数据已超过 330 亿条（这个数据在一年后就达到 510 亿条）。仅仅是收集、清洗和标准化这些庞大的数据量，中远海科的团队就花了一年多的时间,这还不包括后期的数据标注、计算能力、算法开发、安全审核和场景适配等投入。过程中,团队面临着巨大的成果压力,虽然在2019年12月发布了第一个数据产品"调度宝",实现了船舶运量调度方面的优化,但在当时其功能尚未发挥出数据连接的创新作用。

中远海科的管理层非常坚定地认为,只要不断引入更多行业相关的数据集,以及行业先进的数字科技,就能够实现从量变到质变的量子跃迁。

中远海科在2019年采用了Web3.0中的区块链技术,开创了国内首个航运区块链存证平台。利用区块链的不可篡改和高透明度特性,该平台成功实现了航运理货报告和保险数据的可靠存储和追溯。这一技术不仅解决了数据易被篡改和信任问题,还带来了显著的经济效益。例如,通过区块链技术实时记录的航运轨迹,中远海科能够为保险公司提供确凿的证明,从而在战争险方面将工作效率提升百倍,还有效管控了风险敞口。这是如何实现的呢?在海上运输中,面对诸如索马里海盗和红海武装冲突等威胁,企业通常需购买额外的战争附加险来规避风险。传统上,各个保险公司需要根据英国联合战争委员会(Joint War Committee,JWC)公布的最新除外区域清单(JWLA-024)与被保险船只的航线情况进行核对、报价和申报。此项工作费时费力,通常要花费保险公司和被保险人半年多的时间来完成,且难以避免错漏等情况的发生,且倒签半年前的保险合约不仅带来了较大的风险敞口,还违反了保险法的相关原则。但有了"物联网+大数据+区块链"技术的加持,所有的统计工作自动完成、自动上链、自动核算,大大提升了工作效率,降低了经营风险。

3. 难以复制的连接优势:船视宝进化

在持续引入精确的海洋气象等数据集之后,船视宝开始进化,帮助中远海科甚至整个集团构建难以复制的优势（见图5-6）。

随着神经网络和其他智能算法的发展，中远海科开始尝试利用这些新技术来进行多数据库的交叉分析和连续聚类分析，形成了船视宝系列数据产品矩阵。船视宝已开发出221种核心算法，能将船只位置信息转化为有价值的业务洞察，提供从航道气象预警到经济景气度分析等多维度数据服务。

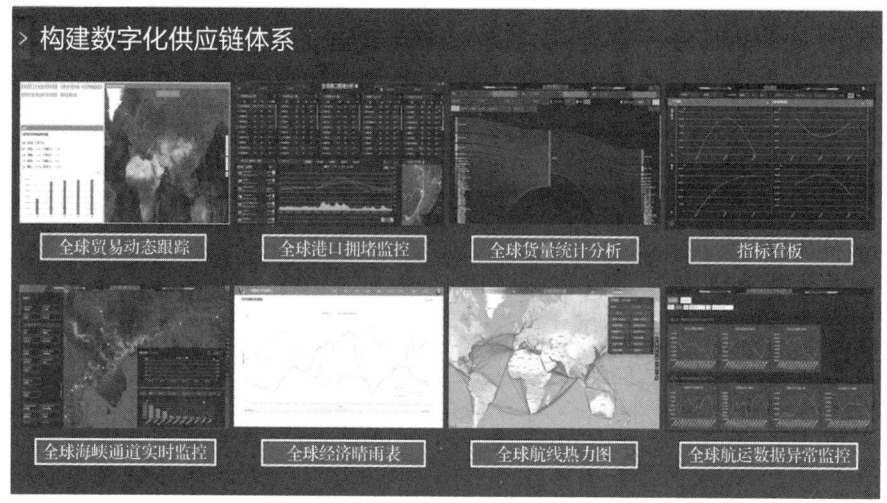

图5-6　中远海科基于船视宝数据开发的数字化供应链预报系统

图5-6所示的是中远海科基于船视宝数据开发的数字化供应链预报系统。这个产品目前最大的客户是华为的手机供应链事业部，为此每年需要支付数千万元的订阅费。该系统能够基于全球航船的实时和历史大数据，准确地预测航线拥堵的情况。对于华为这类全球供应链制造企业，就可以基于这些预测，动态地调整全球的产能下单分布指令，在保障供应链及时的情况下，节省大笔延迟物流的费用。

此外，数智化转型会让企业在未来的业务场景竞争中获得更好的竞争优势。比如整个航运行业未来都会面临影响深远的欧盟碳关税政策。

中远海科预计到2030年，碳税将成为欧盟航线的重要成本因素。为了应对这一挑战，他们正在开发新的应用，这些应用能够结合洋流、天气、各地加油价差等多种因素，为每艘船规划出最节省成本的航线，同时结合欧盟政策、挂靠成本等，帮助公司实现航线网络优化。

4. 优质的连接，重塑企业商业模式

中远海科的行业数据基座不仅帮助传统业务优化了效能，提供了独特的竞争优势，更重要的是，它还为与外部企业的合作提供了新的接触点，这些接触点往往是生态组织成立的关键。作为传统航海运输业务的龙头企业，正是因为它有了船视宝这个产品，所以可以与华为、欧盟等看似不相关的组织打交道，尤其是进行数据方面的合作。

中远海科依靠船视宝重塑了自己的商业模式。它目前已不仅是商品和服务的提供者，还通过"船视宝"产品矩阵向数据服务商转型。仅从2022年5月至同年10月，船视宝的销售额从2400万元激增到7100万元，这证明了数据服务在提升企业价值中的巨大潜力。2023年，中远海科成立了绿色数智航运服务平台公司，开展新业务（见图5-7），这是一个基于数据和逻辑赋能其他行业的新赛道，与传统业务截然不同。

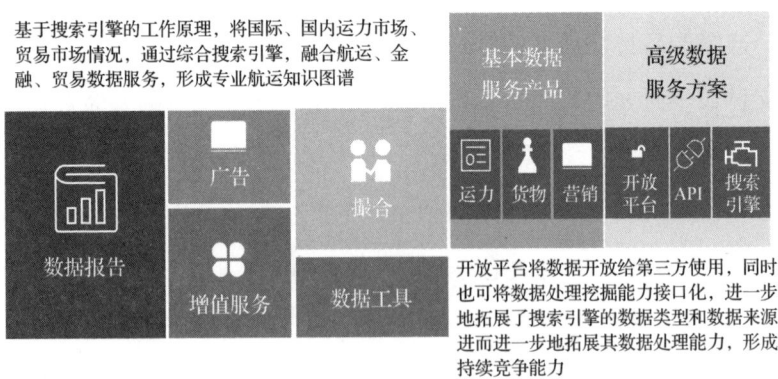

图5-7　中远海科的绿色数智服务

5. 转型是日积月累的过程

中远海科的副总经理林亦雯精练地总结了公司数字化转型过程中积累的心得："源于战略，始于业务，成于组织，终于价值。"这个战略不只适用于中远海科，对任何想要成功实施数字智能化转型的企业都极具参考价值。

首先，企业的数字化转型并不是一蹴而就的，它更像是一种自然演进而非事先详尽规划的结果。这里的"战略"不是指框架性的计划，而是指整个组织对未来方向的共识和对技能的深化。这意味着，从高层到一线员工，每个人都需要对数字化的价值和目标有共同的理解和认同。

其次，数字化转型虽然是一个长期且充满挑战的投资项目，但其核心是风险可控和确保投资回报。为了降低转型过程中的风险，企业应该从熟悉的业务出发，利用现有资源进行创新。通常情况下，企业将已熟悉的业务与新的数字技术结合，比全新探索数字技术应用于全新业务领域更有可能获得成功。

再次，数字化转型的成功不仅仅依赖于技术的运用，企业文化、管理体系和团队能力的建设同样关键。在这个过程中，不可避免地会涉及利益的重新分配，如果转型能让更多人受益而不是失望，那么这个转型就更有可能成功。

最后，虽然需要持续积累数字化的基础能力，但关键在于通过具体项目不断释放这些能力的价值，让管理层和投资者看到成效。就像人在失败中学习成长一样，即使是失败的数字化项目也能增强企业在数字化转型中的见识和能力。因此，如何从小处着手，逐步积累小胜，最终形成大势，是数字化领导者的核心技能。

6. 科技的发展，根本还是"人"

中远海科的成功同样要归功于它抓住"以人为本"这个关键。中远海科的"船视宝"产品研发团队有44名专职人员,其中包括2位博士和17位硕士。此外,企业还通过"柔性引才"引入了22名专家,其中包括5位博士后、3位博导和4位博士。企业还设有一个院士工作站、一个博士后工作站、四个硕士生培养点,并与上海交通大学联合成立了数字化航运联合创新实验室。这些人才优势使其能够持续推动技术与业务的完美结合。

很多高科技公司都在用先进技术来提升效率和安全性。但中远海科采取了一种独特的策略,它重视技术的同时,更加强调人的重要性。它坚持"以人为本"的理念和"船长第一责任人制度",确保技术是用来辅助人,而不是替代人的。

虽然船视宝的技术已经让数据变得越来越量化和智能,但中远海科始终坚持"让数据来帮助船长和船员学习和成长"。通过技术,船长和船员们可以对航行进行事后分析,反思哪些决策是成功的,哪些可能需要改进。这种方法不仅提高了航行的安全性和效率,还确保了船员在决策过程中的主导地位。

中远海科的智能算法和决策支持系统被设计用来降低航行风险,提高效率。但公司的核心信念是:技术应该是一个工具,帮助船员和船长做出更明智的决策,而不是控制他们。想象一下,一艘满载货物的船要从中国航行到欧洲,这趟旅程通常需要超过30天,货值高达数十亿美元。在这种情况下,每一个决策都极其重要。船长在整个旅程中扮演着关键角色,尽管有时他们的决定可能与算法提供的建议不同,中远海科始终相信船长的判断。这是因为航线的设定不仅是一个技术问题,还需要考虑经济效益、安全性和实际操作的可行性。例如,船只如果选择快速航行,虽然可以更快到达目的地并可能获得额外奖励,但这样做可能会增加燃料消耗,甚至在目的港没有可用泊位时,还可能导致需要在外港停靠，进一步增加成本。

总结来说，中远海科的实践证明，即使在数字化越来越普及的时代，人的直觉、经验和判断力仍然是不可或缺的。技术是强大的工具，但它最终的目的应该是赋能于人们，让人更聪明地工作，而不是取代人。这种以人为本的技术应用理念是中远海科区别于其他公司的显著特点。

（三）快来掌柜：借用数据和系统实现权力下放

1. 中小企业：唯有思维改变的变革，才有出路

在当今企业发展的浪潮中，组织与数字化转型并非央企或大型上市企业的特权。快来掌柜这个从 0 到 1 逐步成长起来的中小企业案例，就极具分析价值。

中小企业的普遍困境是：虽然怀着借助数字智能化改造业务与经营的愿景，却屡屡因资金匮乏与人才稀缺而举步维艰。在此情形下，管理层思维的转变尤为关键。绝不能盲目照搬大企业的转型模式，而应致力于将能力的核心从少数人如老板等，拓展至尽可能多的员工群体，即达成"把能力沉淀到组织上"的目标。

从某种意义上来说，中小企业想要转型成功，更需要量子思维的帮助。根据前面章节我们对于"道"模型的分析，撇开复杂的数字技术，我们首先可以做的就是，如何让员工变得更有能力、更有激情、更有责任心。其中的核心要点在于决策权的下放。唯有让更多员工在实践决策中获得成长，才有可能实现真正的转型。这就如同要教会一个人游泳，仅仅空喊口号毫无意义，必须让其能在水中得到实际锻炼。而这一点恰恰是最难的。张瑞敏曾指出："采取经人单合一的企业，90% 失败的根源在于无法做到三权下放。"

那么，为什么中小企业的转型关键必须以决策权下放为前提呢？因

为传统模式下，众多企业在数字化转型时，往往片面聚焦于"降低成本、减少人为不确定性"。这种思维导向使得员工不仅要改变固有工作习惯，上交自身掌握的信息数据，还要时刻担忧未来被系统淘汰的命运。因此，在转型过程中，许多员工表现出消极抵触的情绪，诸如不配合操作流程、抱怨系统功能，甚至蓄意造假数据。从员工的立场来看，这实则是为自身工作权益与生存空间而进行的抗争，而这也成为众多企业转型失败的根源。而决策权下放，就可以让大部分员工因改革而收益，这样也就减少了阻力。另外，中小企业的决策普遍存在过于集中的问题，而只有员工的整体能力提升上来，量子组织的动态多中心决策机制才能发挥效力。

在助力企业开展数字智能化转型的进程中，我们经常不断地提醒企业，切勿简单地认为购置几款软件或聘请几位专家便能万事大吉。实际上，数字化转型是一项重大投资项目，需要审慎评估成本投入与潜在收益，并且往往伴随着组织层面的深刻变革。企业要全方位考量所有关联成本，尤其是那些极易被忽视的人力资源成本，诸如员工培训费用、调岗安置费用以及再招聘费用等，均不容忽视。

此外，在重视数据沉淀以及数字化变革进程中人员素质培养的同时，对于数字系统应秉持"工具化理念"，遵循"不求最全最好，只求经济实用"的原则，以螺旋式迭代的方式逐步优化企业的数字系统，而不是一次性地求大求全。

2. 快来掌柜的快速崛起

快来掌柜是一个智能在线的采购平台。它专注解决社区小店的采购需求，目前服务范围主要在长三角地区。其背后的运营公司叫作上海邮康电子商务有限公司（以下简称邮康公司）。这是一家总部位于上海的快消品供应链公司，为零售行业的上下游企业提供信息交流、担保交易和共享仓储服务。

快来掌柜平台在2015年11月正式上线，以快消品为切入口，利用互联网工具，链接上游品牌商，打通下游社区小店，实现交易在线化、供应链可视化，将传统快消行业从交易到交付的整个环节进行数字化提升，优化了行业效率，最终形成明显的价格优势，有效降低了街边小店的采购成本。在项目初期的2016—2019年间，它已在区域内崭露头角，成为上海市场快速消费品批发零售的领头羊。截至2023年，它已经为6万多家小店提供服务。在上海，超3000家的头部小店每月下单频次高达近20次（见图5-8）。其扩张势头超越了同期的苏宁小店、京东小店等一众大电商系旗下的竞争对手。可以说，它通过数字化手段，在很短的时间内，就颠覆了行业的传统格局。

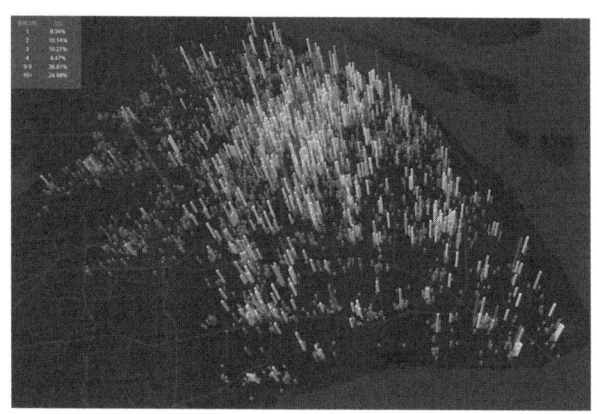

图 5-8 快来掌柜某月客户交易密度

3. 管理命令少一点，基层自主多一点

在当下竞争愈加激烈的市场环境中，各企业都在奋力拼搏，快来掌柜也不例外。因为深刻意识到数字化精细运营对于企业发展的重要性，公司在过去几年投入了大量的时间与成本在这方面深耕细作。经过不懈努力，终于在业务数字化领域取得了显著成果，成功跻身行业领先行列。

快来掌柜的总经理杨启明在企业管理方面颇有独到之处，尤其是在放权这件事上。他并非毫无章法地盲目放权，而是巧妙地将放权与数字管理系统的开发紧密结合起来，从而实现了高效且有序的管理模式。

在客户管理方面，公司把所有客户的各类相关数据，如历史利润贡献额、历史订单金额、历史单量交易频次等，都当作客户的属性一一存储起来，形成一条条清晰的记录。如此一来，员工在每单交易过程中，只需轻松点击，就能查询到相应的数据（见图5-9）。这相当于用系统为员工赋予了强大的能力，让他们在制定营销策略时，能够依据这些数据有的放矢，使策略更具针对性。与此同时，公司还授权客户经理在处理售后环节时，可以自主决定给不同的客户发放优惠安抚政策。这一方面赋予了员工一定的决策空间，另一方面也能让他们根据实际情况灵活应对客户需求，提升客户的满意度与忠诚度。不仅如此，公司还会定期组织述职复盘活动，召集员工共同探讨之前所采取策略的有效性，把那些行之有效的经验进行总结提炼，以便后续在更大范围内复制推广。

店铺名称	订单时间	累计/4月/5月/6月/7月/8月/9月	年度订单数/年度均毛利率/年度均净利	订单毛利率/订单净利
便利店	2023-09-03 23:58:44	131/4/5/3/5/3/1	43/5.46%/2.74	5.96%/2.19
快客便利店	2023-09-03 23:58:13	154/8/14/12/18/23/3	116/8.32%/26.63	9.54%/21.25
小Q进口食品店	2023-09-03 23:58:09	702/10/11/14/13/14/2	124/7.39%/41.60	9.68%/58.23
鑫萍食品商店	2023-09-03 23:55:56	411/2/3/2/3/3/1	31/4.59%/16.37	7.12%/14.52
老管烟酒行	2023-09-03 23:54:00	253/2/0/3/3/5/2	32/6.69%/20.13	3.03%/24.60
尚优生超市	2023-09-03 23:53:21	467/7/8/6/7/7/1	76/5.28%/17.97	6.39%/31.84
便利店	2023-09-03 23:51:49	331/10/10/6/12/10/1	85/5.41%/24.73	6.69%/32.14
新联华生鲜	2023-09-03 23:49:51	276/11/15/8/15/15/1	104/5.52%/23.60	6.07%/35.33
时尚生活超市	2023-09-03 23:48:36	190/23/30/26/26/30/2	173/7.52%/41.13	7.30%/20.25
如海超市	2023-09-03 23:47:35	952/11/14/12/12/14/1	137/6.14%/43.14	4.10%/3.87
富国路便利店	2023-09-03 23:47:17	961/26/35/37/34/42/4	302/6.61%/25.95	9.00%/32.71
鑫楠综合商店	2023-09-03 23:46:27	482/6/6/8/8/7/1	79/6.29%/13.49	4.28%/-3.20
水果店	2023-09-03 23:46:08	248/1/1/0/2/1/1	19/5.48%/-3.77	7.27%/8.91
向红烟酒店	2023-09-03 23:46:00	878/9/13/13/14/18/1	123/5.82%/8.73	5.03%/4.51

图5-9 快来掌柜客户质量及利润监测数据平台

在货物管理方面，公司对每一件出入库商品都实施了严格的轨迹监控，实现了全盘货物账实相符的动态化管理与记录。凭借这样精细且高效的管理模式，快来掌柜省略了传统财务盘库管理等诸多烦琐的工作环节，仅仅依靠两个人，就能顺利完成每年销售额超 10 亿元的全部财务工作。而且，得益于这些精准且与实际相符的数据，仓库捡单人员能够根据每天的实际情况灵活决定工作量。每个相关人员都配备了带有二维码的工牌，只需用相应设备扫一扫，系统就能马上知晓可派单的上线捡单员数量，进而实现动态调配，确保仓库作业的高效有序进行。

在资金管理方面，公司同样有着一套科学的管理办法。每天账上可用资金会通过系统联动的方式清晰地显示出来，总经理只需在早上通过 OA（办公自动化）软件审批一下可对外支付的比例，之后采购员们便能在规定的总数限额内，自行决定每天向供货商支付的顺序和金额。当然，公司也会从原则上做出规定，要求采购员不能毫无理由地针对某个具体供货商故意拖延过长的应付账期。这样的安排，既给予了采购员更多的灵活性，让他们在与供货商谈判时能够拥有更多的筹码，又保障了资金支付的合理性与规范性。

在地推人员的管理方面，公司采取的方式更简单直观，并不会下达具体刻板的指令和计划，而是充分调动地推人员的主观能动性。快来掌柜给地推人员布置的任务很明确，一共就两项：其一是对路边小店进行陌拜，推广程序安装；其二是对已经安装程序的小店进行定期拜访，积极推动平台下单。地推人员在工作上拥有较大的自主选择权，他们可以自己争取期望的辖区范围，并且能够根据实际情况自行决定每天的拜访路线以及拜访数量。公司后台还专门开发了一套系统，这个系统会清楚地列出每个人的拜访路线、拜访小店数量、进店后一小时程序下载数量以及平台下单数量等关键信息，并且通过可视化的方式进行组内成员之间的排名，以及对照计划量展示工作完成度排名。这样做带来了诸多好处，一方面，很多销售人员会选择离家较近的区域开展工作，方便自己的同时也能兼顾工作；另一方面，工作计划具备了弹性，即便临时有事也不会对工作造成太大影响，而且群体间的排名能形成一种良性的工作压力，激励大家积极进取。此外，公司还会定期组织销售进行组内的经验分享活动，让新人能够快速熟悉工作内容，上手开展业务。

作为一家以数字化和研发为特色的企业，快来掌柜在众多企业中显得颇为特别，是我们所了解到的为数不多的、员工不用加班的企业之一。公司选择将低毛利率作为自身的竞争战略壁垒，却从未动过通过让员工以"996"㊀的方式来实现更低成本运营的念头。正是这样的经营理念，营造出了和谐融洽的企业文化氛围，使得员工们都心甘情愿地主动承担起自己的工作职责。就拿2022年来说，当时上海因为疫情实行全城封控，人们充满担忧，整个城市面临物资供应紧缺的严峻局面。而快来掌柜的员工们主动自发地组织起来，充分利用以往积累的业务资源，积极投身到保供工作当中，成为上海市的保供单位，为缓解物资紧张状况贡献了自己的一份力量。

4. 凭借良好的连接关系，借力发展

快来掌柜在商业模式方面也有不少创举。它清晰地洞察到，未来的组织形态绝非封闭的体系。对于中小企业而言，要实现超越常规的发展，巧妙借助外部的多元资源是必由之路，而敢于冲破自身组织边界则为关键前提。

以下是"快来掌柜"发展历程中的一段小插曲，借此呈现其如何运用自身数字化的能力，冲破企业边界，借力合作伙伴的资源，成功突破了运营瓶颈。

㊀ "996"是指早上9点上班，晚上9点下班，一周上6天班的工作制度。

和许多中小企业一样，快来掌柜在迅速成长的过程中，遇到了自身资源有限的问题。然而，凭借强大的数字化能力，它成功实现了以低于市场价格的方式稳定供应超过 5000 种商品，并且凭借着这一价格优势，实现了对下游企业现款现货的销售模式。同时，因为零售行业的上游企业通常会给予合理的账期，所以快来掌柜只用了不到千万元的自有资金就开始了它的业务，并取得了超过 10 亿元的年销售业绩，令人惊叹。

然而，当面对一些强势商品厂家时，同样的商业模式就不再有效了。因为这些商品非常畅销，制造商和上游经销商也经常采用现金交易的方式销售，这对快来掌柜的商业模式构成了巨大挑战，尤其是对于飞天茅台等高端商品来说，挑战尤为艰巨。

喜欢喝酒的朋友都知道，飞天茅台是贵州茅台酒股份有限公司出品的一种非常受市场欢迎的酒。它的价格很透明，截止到 2023 年 7 月，最新的经销商批发价是 969 元/瓶，建议零售价是 1499 元/瓶。但问题是，正因为它太受欢迎，市场上的价格通常会在 2500~3000 元/瓶之间波动。

这个远高于建议零售价的价格波动带背后蕴藏着巨大的商机。因此近年来，与茅台相关的新闻频频出现。例如，有些人每年都会坐飞机到茅台机场，只为能以原价购买两瓶茅台；近年苏宁和大润发的茅台秒杀活动，经常出现服务器瘫痪的新闻；此外，更有一些不法分子通过制造假茅台来牟取暴利。即使如此，消费者仍然希望能够在可信赖的渠道随时购买到真正的茅台酒，即使是多花一倍的价格。所以，对于快速消费零售店和渠道商来说，有能力提供正品茅台酒不仅是赚钱的机会，还是一种能力的象征。

然而，当它们有机会获得茅台酒批发销售资格时，它们往往既兴奋又担忧。它们高兴的是市场认可了它们作为渠道经销商的影响力，担忧的是，作为茅台酒的渠道供应商需要垫付大量的现金，这必然会占用公司大量的经营资源。

那么,能不能更深入发挥公司信息化平台基座的潜力,解决上架茅台酒过程中公司自有资金不足的问题呢?公司总经理和团队进行了苦苦的内外部探索。契机很快就来了,在得知央企华润下属集团在进行仓储物流数字化改革后,杨启明总经理主动提出了与华润共建系统、打通数据接口的想法,双方共建新物流数字平台。这是一套整合仓储智能硬件和后台软件的创新物流系统,具有"联合监控、接受远程指令"的功能。在此数据平台的基础上,快来掌柜得以将在售茅台库存质押给华润,让自己能用 200 多万元的自有资金就支撑起了近亿元的茅台供应能力。

首先,快来掌柜将 200 多万元自有资金放入华润指定的监管账户,而华润则通过共建的数字平台,对仓库进行智能远程控制,保证在快来掌柜自有资金额度内为其滚动开仓,释放库存,供其销售;其次,当已释放的茅台酒库存接近快来掌柜资金额度封顶金额时,则会自动封仓,等待快来掌柜回款,再次释放额度。这样,华润既支持了快来掌柜的正常销售,又有效地解决了自身质押物风险防控的问题。

通过多年磨合,两家企业也逐渐建立了信任,并从简单的业务伙伴关系转变为更深入的深度捆绑合作关系,把合作商品标的扩展到更多标准化品类。在原有合作模式的基础上,通过供应链金融创新服务,在快来掌柜有效降低了运营成本的同时,华润则通过数据分析,对合作商品的上下游企业的销售情况有了更客观、深入的了解,并能有目的地实施一些并购,通过对产业链的渗透,更进一步降低了合作风险。

快来掌柜在共建系统的过程中所获得的利益,不仅仅解决了采购茅台资金不够的问题,更难得的是借助华润解决问题的知识库,通过双方共同完成一个项目,锻炼了自己的人才队伍,真正实现了"人才不为我所有,也能为我所用"的模式。快来掌柜通过将自己的数据开放给合作方，成功地提升了自身的信用。可以预见，数字化将在未来成为撬动合作资源的新支点，特别是在金融领域，这种效能将会被百倍地放大。

最重要的是，这一成功案例还与经营者"坚守诚信原则，为员工创造公平宜人的工作环境"的经营指导思想紧密相关。有人曾经多次询问，如果在合作环节出现诸如假货或者物流缺失这类经营损失时，快来掌柜是如何应对的。杨启明每次都这样回答："损失自担。虽然有平台，但我们做的是盈亏自负的运营，而不是两头转移风险的投机。"这种踏实经营的思想始终贯穿于快来掌柜的经营过程，也为它保驾护航多年。

5. 中小企业，也有光明未来

未来的商业环境中，合作必然会向着多环节、多对象的方向发展。比如，类似的物流合作可能会从区域走向全国、从国内走向国外；企业的合作方也会从单一对象变为动态的多元对象。这时候，数据的局部开放、核心数字隐私保护、数据资产确权的需求也必然会越来越迫切。Web3.0技术在应对类似需求的方案也在逐渐成熟，这也让快来掌柜的未来发展有了新的技术方向。

很多中小企业家认为，自己无力开展数字智能化转型，但从量子思维的观点来看，数智化不确定商业时代的创新通常发生在边缘地带，而众多中小企业才是这种生态系统中最不可或缺的一部分。它们不仅推动了市场的多样性，还是持续创新的主力军。

我们相信快来掌柜的成功可以给很多类似企业带来信心。只要扎扎实实地利用数字化重构行业的传统解决方案，并始终坚持"以人为本"、赋能员工，在运营方面不断打磨和创新，输出优质的服务质量和高效的运营效率，即使是"小船"也能驶得"太平洋"。目前，快来掌柜已经在探索如何进一步拓展新的市场和业务领域，输出其数字化能力，帮助更多企业共同推进行业的进步和发展。

CHAPTER SIX
第六章

数字经济，Web3.0 融合量子管理的大未来

一、中国企业利用 Web3.0 实现组织新管理的美好未来

以前，无论是帝王统治还是市场经济的时代，也都有各自的规则和语言。现在，Web3.0 和量子管理带来了新的规则和语言。它们用的是更现代的方式，倡导的却是同一个古老的道理：我们可以一起建造一个更好的世界。更重要的是，Web3.0 用它的分布式技术特征确保了这种承诺的实践基础，用新技术保证每个人都有机会参与，而量子管理则指导我们，如何在这个过程中找到共鸣，让每个人的力量都活跃起来、叠加起来，共同创造出更伟大的价值。

如果说 Web3.0 是未来互联网的新热点，量子管理就是最新潮的思维方式。这二者好比一对搭档，一个负责技术，一个负责管理，共同推动一种全新的组织形式和工作方式。在它们共同塑造的这个新世界里，公司不再只是冰冷的机器，而是活生生的社区。就像小时候你和朋友们搭建积木城堡，每个人都有自己的角色和任务，大家一起努力，最终创造出比单独玩耍时更酷、更大的作品。这就是 1+1>N 的魔力，也就是实现了"量子整体性"。Web3.0 就像是游戏的新规则，它让游戏变得更公平，也更有活力。在 Web3.0 技术保障的新规则下，大家共同追求的不仅仅是财富，还有更深层次的东西，比如真善美、人类的共同繁荣。这些价值就像是积木游戏中的各种奖励，鼓励大家共同建立一个更美好的世界。

虽然推广 Web3.0 支撑的 DAO 组织自治模式面临不少监管和技术挑战，但通过持续的创新和适应，具有量子思维特征的链群合约组织模式无疑有着广阔的应用前景。对于那些旨在提高透明度、效率和全球参与度的机构，新组织模式会是一个有力的解决方案。更重要的是，它会在诸多方面颠覆大众对于商业系统的旧有认知和惯例，推动人类共同建设繁荣美好未来的新商业系统。

（一）新组织：进一步解放生产和天性

在传统的管理中，组织的"开放、沟通、执行"三方面能力存在此消彼长的关系，就像一个"不可能三角"（见图 6-1）。这就像是在玩一个策略游戏，系统给了我们 100 点的初始能力值，我们需要在这三个方面进行分配。通常情况下，如果我们加强了一个方面，可能就会牺牲另外两个方面的表现。而引入基于 Web3.0 的链群合约组织模式就像是给我们进行了一次技能升级，我们的能力点数总额从 100 点增加到 200 点。这意味着我们可以在不损害甚至提升原有执行效率的情况下，仍然能够大幅提升组织开放度和决策沟通力。

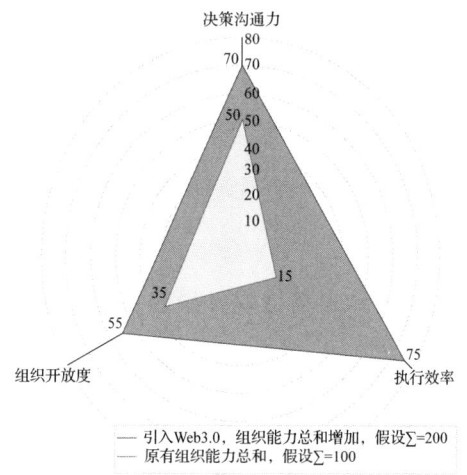

图 6-1　组织能力的"不可能三角"与能力成长

这种模式特别适合那些希望打破传统界限、寻求创新和灵活性的年轻人和新兴企业。在链群合约组织模式下，每个成员都能发声，每个声音都会被平等对待。这种全员参与的决策过程不仅增强了团队的凝聚力，还提高了决策的透明度和效率。

（二）新逻辑：各安其所，共生共荣

在传统的商业观念里，商业世界是个竞争激烈的战场，每个人都为了自己的利益而拼搏。这种想法源于一种信仰：人人都按自己利益行事，最终会带来整体的繁荣。想象一下，一片森林里的每一棵树都只为自己吸水吸光，结果却是森林整体更茂盛。这听起来好像挺合理，但其实这个逻辑有点过时了，因为它忽视了现实世界的复杂性。

现实中，我们不可能每件事都计较得失，因为每个人的起点不同，所谓的"理性"也各有千秋。再说，谁能保证我们的选择不是被周围环境左右的呢？而且，当企业只顾自己发展而忽略了合作与共生的时候，大家渐渐地会误把弱肉强食视作完全正当的行为，甚至采取所谓捷径来赢得胜利，比如商业欺诈或偷工减料，逐渐侵蚀正义的商业生态，让我们离目标越来越远。

但现在，有了一种新的思维方式——量子思维。它更加符合现实，指导我们建立一个多元共存的商业生态系统。这就像是给森林里的每一棵树、每一株草都留下一片土地，让它们都能安心生长。只有这样，整个生态系统才能稳定而持久。

在这种新思维里，大公司就像森林里的参天大树，它们需要承担起更多的责任，保护小树苗，让整个森林繁荣。在这样的商业生态里，公司、员工、客户、社区和环境是相互支持、共同成长的伙伴，而不是竞争对手。举个例子，全球著名的科技巨头苹果公司，它的创始人史蒂

夫·乔布斯受到日本禅宗的影响，与供应商建立了共生共荣的关系。苹果不仅仅通过订单支持他们，还共享技术、提供财务支持、实施严格的质量控制和可持续性要求，帮助伙伴们一起成长。富士康就是在这样的理念下逐渐壮大的。苹果不只是让富士康组装产品，还让它参与产品的测试、包装、物流，甚至研发。它们共同开发生产流程，分享最新技术，优化生产线。在疫情期间，苹果还帮助富士康调整生产线，保障员工健康。不过，乔布斯过世后，这些理念逐渐被削弱，2022年苹果公司受到美国政治影响，被迫承诺将供应链逐步迁出中国，导致了数以万计富士康员工的离职。这个例子告诉我们，生态共荣的理念还有待在商业文明中更加深入人心。

这种思维方式不仅适用于企业之间的默契合作，还给企业内部的运作提供了颠覆性的启发。想象一下，如果公司内部的每个人都能像自然界中的生物一样，相互依存、相互助益，会发生什么呢？传统的企业组织模式就像是一台精密的机器，每个零件都有标准的位置和作用，这确实在短时间内提升了企业的效率。就拿生产线来说，可能会有操作工人、维修技师、质量控制工程师等多种岗位，每个人都专注于自己的任务，这种分工细致的方法，降低了从业门槛，也让生产效率飞速提高。但是，就像任何事物都有两面性一样，这种模式也带来了一些问题。你有没有遇到过"部门墙"和"深井病"的情况？各个部门之间仿佛筑起了一堵墙，彼此之间信息不流通，合作起来也十分困难，就好像是隔着一道道不可逾越的高墙。这就是所谓的"部门墙"；而"深井病"则是指由于组织结构的条线分明，员工们只关注自己的小天地，对公司的大局视而不见。这些问题，最终让一个又一个企业在内耗中走向衰败。

但是，时代在进步，商业模式也在演变。海尔和晨星公司等先行者，就像是商业世界的探路者，它们打破了旧有的条条框框，采纳了网状、扁平化的组织结构。在这样的结构中,每个人都像是网络中的一个节点,自由地与其他节点交流和合作。大家不再是被隔离的岗位工人,而是互相依存、相互支撑的伙伴。这样的组织结构,就像是一个充满活力的生态系统。每个节点既有自己的生存空间,又与其他节点紧密相连。在这个系统中,信息流动自如,合作无间,创新和效益增长自然涌现。在这种工作环境下,传统的"部门墙"和"深井病"现象被有效地削弱了,取而代之的是一种更为灵活、协作和高效的工作方式。

以共生共荣的量子思维驱动的链群合约组织创新模式,其最大的作用还在于它真正推动了组织内部人财物资源和信息资源的平权。海尔的张瑞敏就说过,学会人单合一的关键一步就是"三权下放"。哈默在书中也已经充分为大家说明了精英掌握主要资源导致企业官僚化的可悲前景。员工们只有在"机会更加平等、分配更加公平"的环境中,才会主动地、更快速地去适应外部的变化,还能够在日常工作中不断创造新的价值。

(三)新引擎:实现以创新驱动发展

如果公司是一艘船,那么"创新迭代"就是推动它前进的引擎。但要让这个引擎发挥作用,我们就得整体改造这艘船,让它适应以生态为方式和目标的发展。就像在变幻莫测的海洋中航行,坚持传统的航道是不够的,我们需要调整管理的指南针,让它始终指向创新的方向。

回想过去,很多企业都是在用产品的思维做企业——某个成功的产品、商业模式或品牌,一旦在市场上取得成功,企业就会拼命地去复制这种成功,就像在工厂里不断批量制造同样的零件。但这样的做法忽视了一个重要的事实:企业的成长和文化并不是直接面向市场的,这些要素本应是企业灵魂的一部分,而不仅仅是其盈利工具的附属品。正是因为这种"以物为本"的思维,很多传统企业错过了变革的机会,就像柯达公司一样，它曾经是数码摄影技术的发明者，却因为害怕新技术冲击自家的胶卷业务，而选择将这一技术封存，最终被市场淘汰。

另一个震惊人心的例子发生在 2024 年 3 月 18 日，当李丰强——一位失去双臂的残疾人，试图乘坐武汉地铁时，他因为没有携带残疾人证，而无法享受应有的免票待遇。尽管他的残疾是显而易见的，但地铁工作人员却僵持于规章制度，没有面对实际问题给予人性化的考量。最后李先生只能自行购票，用以脚持票验票的方式通过了闸机。这个事件在网络引发了公众的愤怒，虽然地铁公司三天后道歉了，但事件对企业品牌形象造成的损害已无法挽回。我们不能把错误全部都怪罪到检票员身上，聪明的管理者会从这件事情看到背后管理机制的问题，并想办法着手去解决，而不是把机制问题产生的风险和压力都推卸给基层人员。这件事告诉我们，规则固然重要，但更重要的是要让"以人为本"的人文情怀深入每个员工心中，同时构建起灵活应对的机制，能授权员工视情景权变处理一些问题。

你的手机，无论买的时候多么先进，总有一天会过时。不仅是手机，每样东西都有自己的"有效期"，也就是我们说的生命周期，商业世界也是如此。我们必须意识到，无论是产品、商业模式还是品牌，也都有各自的生命周期。如果企业紧紧抓住它们不放，最终只能随着它们的衰落一起沉没。大多数企业会跟着这个周期起起落落，而如果想要打破这个循环，就得超越单一的产品、模式甚至品牌。换句话说，想让自己的事业长久，就得把它建成一个广场，而不仅仅是一家店。就像文明比一个王朝更长久，森林比一棵树存活的时间更长，城市比任何一届政府都要永恒。很多新时代的管理大师也意识到了这一点，他们推崇的是建立一个可以自我更新、自我发展的生态系统。要打破生命周期的魔咒，唯有让企业变成一个平台、一个生态系统。

当你开始考虑如何把企业变成一个能自我更新的生态系统时，你会发现，真正的关键是如何集聚人才，激发他们的创造力。就像有句古话说的，"流水不腐，户枢不蠹"，意思是只有不断地更新和运动，事物才能保持新鲜和活力。这里的"流水"和"户枢"在我们的组织中，其实就是人的智慧和创意。无论是引进新技术，还是在日常工作中冒出的小点子，都是靠人的能力和想象力驱动的。所以，如果想让你的企业不仅仅是市场上的一瞬花火，而是成为历史长河中的一颗恒星，就得从只关注完成任务的模式，转变为重视每一个员工，培养他们的创新思维和想象力。企业要想蓬勃发展，就得从"以事为重、以物为本"转变为"以人为本"。

太多的企业只忙着推销产品，而忽视了自己也可以是个充满活力的生态圈。企业发展靠的不仅仅是产品，更是背后的人，他们的创新和灵感才是真正的王牌。换句话说，全盘考虑一下怎么服务好"外部客户"和"内部员工"，给所有的管理策略来个大翻新。一边要不断地吸引外部的创新高手，一边还得激发内部团队的创意火花。这就需要一套新的管理范式，比如怎么根据人才的能力来设置评价和奖励，怎么整合资源让大家一起搞创新。所有这些，都是为了一个目的：让创新成为企业文化的一部分，让这种文化成为我们的品牌标签。我们的品牌不再是某个单品，而是我们"发挥人的价值"的能力。也可以说，组织才是我们最棒的产品。

你可能会问，这种想法真的靠谱吗？不妨看看现实中的例子。2009年马云带团队去美国调研的时候，谷歌的创始人拉里·佩奇告诉他，他们的竞争对手不是雅虎和脸书这类的竞争对手，而是NASA（美国航空航天局）。这个答案大大出乎马云团队的意料。拉里·佩奇对他的答案进一步做了解释：尽管NASA普通工程师的年薪只有7万美元，不过谷歌的五分之一，但还是有很多顶尖人才为了NASA那独一无二的使命感而放弃了谷歌。这就是人才和组织品牌的力量。另外，那些非高科技的企业，同样可以利用这个策略。因为创新不只是科技的革命，日常的小改进也很重要。就拿河南的胖东来超市来说，它的服务能够深入人心，并不是因为它的管理者能够考虑得更周到，而是因为他们能让员工真心参与制定服务细节，比如在塑料袋旁边放湿海绵，小标签旁边放老花镜，正是这样的小创新提升了客户体验。他们的成功就在于将创新融入企业文化，融入员工的思维，让每个人都想创新，也有机会为创新出力，并能得到奖励。

在今天这个变化快速的市场里，创新不只是选项，还是生存的必需。只有开放企业边界、从外部导入更多创新资源，只有在企业里营造出创新的氛围，让每个人都拥抱创新，共同努力做好产品和提升服务水平，企业才能实现熵减、持续发展。

（四）新动力：激发个体的责任感和智慧

在量子思维主导下，商业世界不仅仅追求生态与人文的和谐发展，还有助于推动个人的全面成长。只有在新思维框架下，个体才被鼓励发展完整的人格、成为更好的自己：不仅在技术和知识方面有所成长，在道德和智慧水平上也不断提升。

记得那个发生在武汉地铁的故事吗？许多人抱怨检票员太过机械，缺乏人情味，甚至认为他故意刁难残疾人。但从时间过程来看，检票员并不是故意为难，他甚至想为李先生破例，所以找来了领导，还提出自掏腰包为李先生买一张票。但最后，为什么没有破例呢？因为他们的行为被旧有的思维模式和恐惧所束缚。他们内心或许一方面认为自己在忠诚履职；另一方面可能是出于害怕，担心如果不严格执行规定，自己会受到处罚，尤其在不易找到工作的大环境下，更怕失去工作。但这种担心其实有些可笑，因为我国的企业和商业制度本质上是为了服务人民，而不是像西方那样只服务于股东。基层员工机械式地执行规定，最终只会损害企业的品牌形象。所以问题的本质是，员工不能主动承担责任——在规避风险的同时，也放弃了人性中最宝贵的部分。

战略管理大师加里·哈默在他的《组织的未来：一个激发工作中每个人创造力的有效计划》一书中提出了一个有趣的问题："为什么员工在私人生活中可以大胆买房买车，而到了工作中，却连申请一张300美元的椅子都需要上级批准？"许多职场人都有过类似的经历，甚至有些人已经认为这是正常的。我曾经在国企工作过几年，记得刚去的时候，公司为我安排的带教老员工甚至教导我，按部就班是好事：不用动脑筋，不用承担责任，这样可以让工作更轻松。

我们需要面对现实：很多公司的管理方式还停留在20世纪。这种已经不合时宜的管理模式，让那些刚步入职场满腔热血的年轻人感到沮丧。他们初入职场的时候，满心希望能施展才华、做出改变；但很快，他们的自主性就被架构严密、命令众多的传统管理体系所束缚，创造力和热情慢慢地被磨灭，责任心和主动性也随之降低。在这样的大环境下，那些聪明、富有创造力、愿意承担责任的新人要么避开管理方式陈旧的公司，要么即便加入了也会在不久后离开。更糟糕的是，会有人为了待遇在岗位上混日子，一边做自己的斜杠事业，一边把"不完整的人格"交给工作。

所以，为了让员工更有动力、更有创意，我们必须得注重培育员工全面发展的"完整人格"。许多人可能还没意识到，这其实对公司和员工都是一个全新的挑战。为什么这么说呢？

想要员工主动担当，管理者得有勇气放下一些眼前的小利益。就像张瑞敏多次强调的，想要企业跟着顾客的步伐走，而不是老板的指挥棒，关键就是要把决策权、薪酬分配权和人事任命权下放给员工。有社会经验的人都明白这代表什么。对于每一位企业家来说，这是必须要跨过的门槛。在规模稍大的公司里，这些权力多少已经下放给了中层管理者。但与此同时，基层员工通常承担着更多的职责。这就造成了权力、责任和利益之间的不平衡，这也是许多公司内部矛盾的根源。

量子组织学派提出的新理念是：只有把权力和责任同步下放到基层，才能真正激发员工的潜力，让他们自觉地担起责任。这种短期的牺牲最终会带来长远的利益，让公司变得更加灵活有活力，并能够借助外部资源。以海尔为例，其链群合约模式中，70%～80%的参与者是企业外部人员，这帮助海尔以较低的固定成本提升了它原本没有的能力；而这种新模式也已经帮助超过300家自主创业的公司获得了A轮融资。如果按照传统的方式招聘人才，企业不仅要支付高昂的年薪福利，有时还得考虑安置他们的家人，这些与创业无关的初始成本非常高，而且大部分都是公司的沉没成本，与创业成功率或者激发人才活力并没有太大的关联。

而对基层员工而言，这同样意味着更高的标准。许多人可能没有注意到，当你要求更多资源和更多自主权时，同时也要公平地承担相应的风险和责任。这意味着，所有人都需要：

- 学会思考和承担复杂的任务。过去可能只需要按部就班地执行任务，现在则需要自己决策，并从多个选项中选择最佳方案。
- 培养经营意识，并争取资源。以往可能只是完成日常工作，而现在每一项工作都是一个项目，需要去争取资金、人力和宣传等资源。
- 学会为自己的错误决策负责。过去出了问题可以找上司解决，现在则需要自己面对风险。

量子组织的活力源自基层，但同时需要通过技术和机制来减少工作中的"搭便车"现象。目前看来，Web3.0技术是一种很好的保障手段。这也是二者融合发展、前景广阔的重要原因。

管理者需要有心理准备的是，转型过程中的困难也不少。但无论如何，这种变化是必须要尝试的。想想看，在人工智能日益普及的未来，机器将取代所有那些机械遵守规则、简单执行任务的岗位。每个人都需要体现自己的独特价值。而从企业的角度，要想帮助员工早日实现这一点，关键就在于给予员工权力和责任，让他们成为真正的问题解决者，而不仅仅是任务执行者。这样的转变，虽然短期看起来会有失去控制的风险，但从长远来看，却能够让组织充满生机，并且在激烈的市场竞争中占据有利地位。这种转变对于管理者和员工双方都意味着面临更大的挑战。

二、未来十年，最大的"运势"已经悄悄到来

雷军曾经说过"站在风口上，猪也能飞起来"。这句话如果倒过来看，还有另外一层含义，即要解决任何的困难，一定要借"势"。而未来十年，最大的"运势"已经悄悄到来。

（一）全球开动印钞机，发展新旧动能转换中

自2008年全球金融危机爆发，直到前几年新冠疫情的强烈冲击，全球经济连续历经波折。各国政府在应对危机时，几乎毫无例外地选择了货币量化宽松政策。这一策略，如美联储前主席伯南克所言，恰似"开直升机撒钱"。这种做法虽然引发了诸如货币贬值与产能过剩等诸多问题，然而在现行经济体制框架内，它却近乎是最为可行的解决方案。

为何量化宽松会成为各国政府在危机时刻不得不采用的举措呢？这

便需要我们深入探究经济学中货币与资产之间复杂而微妙的关系。

在经济学领域,有一个极为关键的指标——M2。M2 是衡量市场货币供应总量的重要标尺,它涵盖了流通中的现金(即 M1)以及一些流动性相对较低的存款形式,像定期存款与储蓄账户资金等。简单来讲,M2 不仅包含我们日常用于交易的现金,还囊括了那些能够较为迅速地转换为现金的资金。从更为宏观、宽泛的视角审视,M2 生动地反映出一个经济体内部资金的流动性状况,也就是资金在企业、家庭以及个人之间循环流转、交互分配的动态过程。

而资产的概念则更为丰富多元。通常而言,资产是指那些具备为未来创造经济利益潜能、拥有明确经济价值的资源。这其中,既包含房产、生产设备等直观可感的有形资产,又涵盖知识产权、品牌价值这类相对抽象却极具价值的无形资产。甚至,许多人可能还未察觉,那些能够持续盈利的商业模式,因为它具有稳定的盈利能力与经济回报预期,同样构成了资产的关键组成部分。

货币与资产之间究竟存在怎样的内在关联呢?我们不妨将其类比为人的身体。货币犹如人体内的血液,为身体各个器官输送养分与能量;而资产则如同身体的各个器官,是创造价值与实现功能的核心载体。当血液充盈且营养丰富时,各个器官便能高效运转,人体自然活力四射,如同一个经济体在货币供应充足、资金流动性良好的情况下,各类资产得以充分发挥作用,整个经济体便呈现出蓬勃发展的态势。

随着时间的推移与社会的发展演进,社会的"器官"——各类资产,也不可避免地会面临三大棘手问题。其一为资源分配不均。在经济体系中,某些处于核心地位或具有特殊优势的部门,往往能够优先获取更多的资源,导致资源分布的倾斜与失衡。其二是功能逐渐老化。所有的部门与产业在长期发展过程中,都会因技术进步、市场变化等因素而面临老化与衰退的困境，急需新的激励机制与创新力量来激活、更新或替换。其三则是资源囤积现象。由于资源分配的不公平性，部分部门可能积聚了过量的资源，这不仅造成资源的闲置与浪费，还会对其自身运行效率产生严重的负面影响，进而拖累整个经济体的发展步伐。

因此，如何确保经济体始终保持活力与竞争力，本质上就需要社会能够持续供应优秀资产。这一问题与我们解决健康问题有着诸多相似之处。人的身体器官会随着年龄增长而逐渐老化甚至衰竭，那该如何维持其功能呢？最直接的途径就是器官移植，在经济领域，这就表现为产业升级或经济转型。通过淘汰落后产业，培育新兴产业，引入先进技术与管理经验，实现产业结构的优化调整。

然而，经济转型、产业升级同样充满巨大困难，所需耗费的成本巨大，其中涵盖了众多家庭赖以生存的生计成本，以及在原有产业前期所沉淀的庞大投资。因此，在实际的操作中，政府常常会率先考虑借助外部力量来维系经济的平稳运行与正常周转，这在某种程度上可以说是一种权宜之计。在诸多外部手段之中，最为普遍运用的便是调整货币政策，借此向经济体系内注入更多流动性，如同为一个身体虚弱的人"输血"一般，旨在迅速补充能量与活力。但这种方式却难以触及经济问题的根源核心。一旦长期施行，就如人体长期过度依赖输血会弱化自身造血机能一样，经济体也极有可能会对外部资金产生过度的依赖。如此一来，后续的经济运行成本便会持续上涨，可能诱发更为严峻的经济结构失衡状况。

更为恶劣的情形是，经济体内部非但没有能够将外部输入的资金合理高效地运用到提升自身生产效能与创造价值的活动中，相反，只是将这些资金空转，单纯地用于财富积累。这时就好比人体器官过度存储脂肪，不但无法为整个身体机能的良好运转提供助力，反而会滋生出形形色色的健康隐患。致使经济领域出现"高血压"或者"糖尿病"这样的病症，具体表现为通货膨胀率飙升、经济滞胀等严重的负面效应。

值得庆幸的是，当我们将目光投向全球，对比美国、日本以及欧盟等主要西方经济体在量化宽松政策方面的推行力度与操作模式时，我们会发现中国在货币政策的拟定与实施进程中始终秉持着更为审慎、克制的态度，高度重视在短期经济稳定与长期可持续发展之间寻求平衡。

在 2024 年 12 月 9 日中共中央政治局召开的经济工作会议上，做出了一个引人瞩目的决策，即提出 2025 年要实施"适度宽松的货币政策"，这是自 2008 年以来首次再提此类政策导向。不过，政府显然已清晰洞察到其中的利害关联与潜在风险。尽管当下形势迫使不得不再次启用货币政策工具，但与此同时，也在不遗余力地推动经济领域的新旧动能转换战略。具体而言，就是要从以往传统的以铁路、公路、基础设施建设以及房地产为主导的经济模式，逐步转型为以科技创新作为核心驱动力的新兴产业格局。并且，新增的货币量绝大部分将会被精准地投入到这些被大力倡导的新兴产业领域之中，力求在借助货币政策稳定经济大盘的同时，通过产业结构的优化升级，重新培育出经济持续健康发展的内生动力源泉，为经济的长远稳健发展筑牢根基。

对于一个企业而言，若想积极投身于这些新兴培育产业之中，就需要在两个关键层面实现根本性的转变。

在组织运营层面，传统模式层级固定、流程僵化、协作不畅且规划短视。新兴产业则要求企业构建灵活敏捷架构，如扁平化管理，加速决策与信息流通，促进跨部门协作，打破壁垒，战略规划也应具长远全局观，注重创新、风险与可持续发展。

在数字技术能力方面，传统企业对其应用有限，而数字技术在新兴产业里却至关重要。企业要学习强化自己的数据采集能力，借助多元先进设备广泛收集各类数据；完善数据存储管理，构建安全高效的系统；提升数据分析水平，运用大数据与人工智能挖掘有价值的信息；积极拓展应用场景，融合数字技术与业务流程，实现智能制造、精准营销与高效供应链管理等。

企业唯有在组织运营与数字技术能力上成功转变，才能在新兴产业竞争中崭露头角。所以说，当下探索数字化转型与组织变革融合的新模式恰逢其时。

（二）货币锚从"地租"转为"数租"的历史机遇

1. 货币锚的重要性

前面提到，我国政府正在平稳地推动发展动能的新旧转换，并且已经重启货币宽松政策。也就是说，未来一段时期国家会持续进行政策性的货币投放，会为经济大生态提供定向性的巨大支持，就像给身体输入营养液一样。而这就需要合理确定货币发行量，也就是要设立一个稳固的货币锚定物，简称货币锚，是指一个国家为了保证货币环境的稳定而设定的与锚定资产相关联的参考标准。当然，这里的资产并不单指某一类资产，而是一系列资产和比例的组合。货币锚可以避免货币发放出现过度宽松或紧缩的情况，同时也是有效的预期管理工具。它让大众共享一个对货币发行量的模糊预期，避免出现恐慌心态而对经济运行造成负面伤害，从而使货币在经济活动中的交换、计价和价值储存等功能得以有效发挥。在国际经济交往中，货币锚还能帮助国内外市场参与者稳定对一国货币的信心。因为当一个国家的货币锚定某种稳定的资产或指标时，市场化参与者会清楚该货币的价值有相对可靠的基础。

但货币锚并不是一成不变的，美元就是一个很好的例子。美元为什么叫美金，就是因为曾经有一段时间，美元的发行量是锚定黄金储备的。

当前，大部分国家的货币发行都会锚定一些资产组合，比如美元目前的发行量其实是锚定国家信用、石油交易量、黄金储备等一揽子资产的。

货币锚的转换通常也是"财富锚"的前兆。这是因为一旦国家选择了货币锚，大量的资金就会大量涌向相关行业。即使货币锚定的是一种新兴事物，人们甚至可能最初对其持怀疑态度，但随着政府大力支持相关产业发展，可锚定的相关资产数量变得更多、更稳定，就会有越来越多的公众对相关锚定物的未来财富状况和价值持有稳定和乐观的预期，这是一种自我预期的实现功能。被货币锚定资产的相关行业，其发展往往产生"聚光灯效应"，由于能吸引大量的生产资源和政策支持，其最终将成为真正意义上的"财富锚"。因此，关注货币锚的变动，就是关注未来最大的发展机遇。

2. 中国货币锚的转变趋势：从"地租"到"数租"

中华人民共和国成立以来，货币锚经历了显著的演变过程。早期，外贸在我国经济中占据重要地位，一定程度上成了货币锚的重要组成部分。当时，通过出口创汇以及维持稳定的贸易顺差，外汇储备不断积累，而这些外汇储备与人民币的发行和价值稳定建立了紧密联系。外贸企业出口商品获得外汇收入，这些外汇在国内兑换成人民币，央行依据外汇储备的规模和变动情况来调控人民币的供应量，从而保证货币价值的相对稳定，并为国内经济发展提供必要的货币支持。20世纪90年代前后，最风光的无疑是进出口外贸企业。

随着经济的发展，房地产逐渐成为经济增长的重要驱动力，也在货币锚体系中扮演了关键角色。受分税制改革的影响，土地出让收入在地方政府的财政收入占比开始慢慢变大，直到成为主要来源。房地产市场的繁荣带动了上下游众多产业的发展，从建筑材料、钢铁水泥到家电家居等行业，形成了一条庞大而复杂的产业链。大量的信贷资金流入房地产领域，房地产价格的波动与货币供应量之间的关联日益紧密。房地产作为一种固定资产，当时具有相对稳定且价值较高的特点，在一定时期内为货币提供了一种看似可靠的价值支撑，使得货币的发行和流通在房地产市场的带动下找到了新的锚定对象。房产热卖、土拍激烈、地方政府收入增长、国家货币持续输入，在这个正向循环中，政府通过土地转让、相关环节税费等收取了土地使用的兑价，同时也享受了土地增值的收益，从而使政府有能力进行民生、产业方面的投资，反哺社会，这就是"地租"经济发展的逻辑。

从图6-2中我们可以看出，过去二三十年间，房地产作为一项特殊资产，其价格不断上升，呈现欣欣向荣的景象。但繁荣的背后，全国老百姓举债买房的现象也在不断加剧。从图6-2中可见，2021年家庭部门负债率已经高达62%（根据中国社会科学院金融研究所2025年1月发布的最新报告，该数据已经进一步攀升至67.3%）。房地产市场的过度繁荣，给经济带来了三大隐患：一是使得居民购房压力剧增，举债买房必然会挤压消费能力；二是加剧了社会贫富差距；三是过去房地产市场的过度

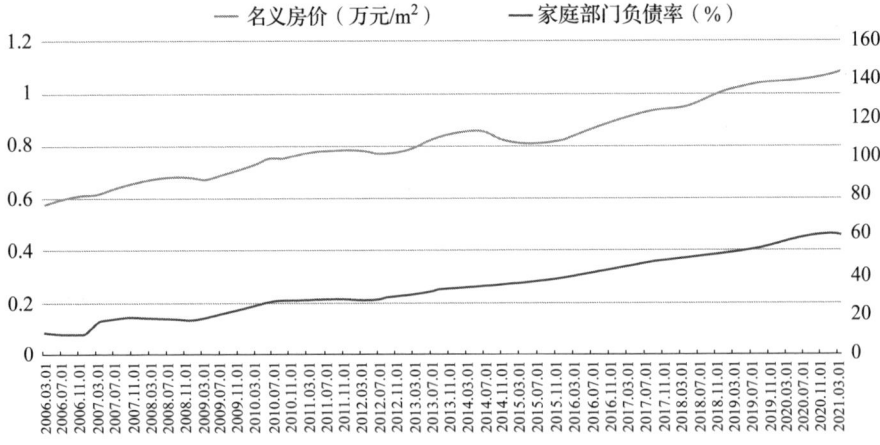

图6-2 中国名义房价指数和家庭部门负债率走势图

繁荣吸引了大量资金流入,导致其他实体经济领域的投资不足,引发经济结构失衡问题。

2015年前后,全国各地房地产库存居高不下、去化周期慢,于是,国家推出了房地产需求侧改革政策,包括下调二手房交易营业税、增加二套房信贷杠杆支撑以及大面积推动货币化棚改等;同时也开始渐渐收紧房地产行业的融资,希望所有房企吸取教训,以免重蹈覆辙。但经历了那一次周期调整并被救市以后,却很少有房地产开发公司就此吸取教训,反而有更多的公司开启了"下沉三四线城市、高周转开发"的战略。过度投资、不讲科学,既然国内限制借贷,那就出海借美元债。尤其是2017年,在国内金融去杠杆的大背景下,中国房企的美元债发行规模却大幅攀升,全年共计发行565.43亿美元,同比增长260.5%。即使是2018年房企海外债政策收紧的背景下,美元债发行也只是小幅回落至497.7亿美元,但在随后的2019年,发行规模再次反弹,攀升到了762亿美元,发行企业数量更是高达92家(见图6-3)。

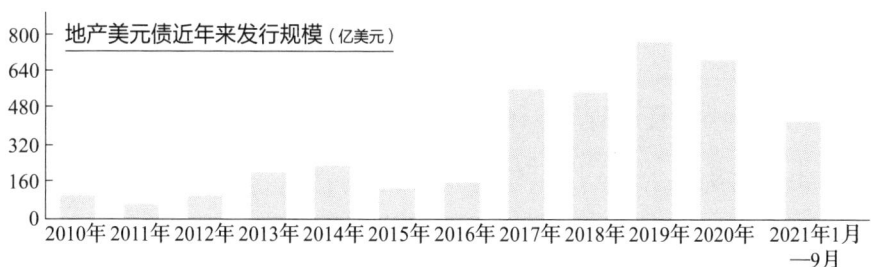

图6-3 近年来地产美元债发行规模

资料来源:光大证券研究所。

尽管监管层三令五申警示风险,监管政策越来越严厉,使得美元债的发行成本节节攀升。但当时极度缺钱的房企已经无法刹车,只能让高昂的融资成本杀入美元债市场。2021年末,仅中国恒大、碧桂园、佳兆业三家，每家的美元债存量规模就超百亿美元。而中国房企的美元债存续期限通常是1~3年。伴随着偿债高峰期的到来，以及2020年8月份国内的融资监管"三道红线"，房地产行业开始集中进入调整期。行业龙头们"当年有多风光，现在就有多凄惨"。前几年，恒大公布2023年财报，显示其负债总额居然达2.4万亿元，仅最近两年就亏损了8000多亿元。而碧桂园从2019年巅峰年销售7700多亿元，也是断崖式下跌，2023年全年销售仅1743亿元，2024年前三季度更是只有400多亿元。

房地产行业虽然具有相关产业链长、解决就业岗位多的特点，但在经过这轮风波后，其显然很难继续保留在货币锚中一股独大的地位。而且，房地产行业经过多年发展，已经形成利益群体固化的趋势，很难让社会持续保持活力。所以，我们需要新的货币锚。而数据资产作为一种新兴的、具有巨大潜力的货币锚候选对象，正逐渐走上历史舞台。

所谓数据资产，简单来讲，就是那些潜藏着经济价值并且有能力为企业创造收益的数据资源，以及在此基础上衍生开发出来的数据产品或者服务。这些数据的来源极为广泛，比如互联网平台上的用户行为习惯数据，包括浏览网页的记录、线上消费的行为轨迹等，企业在生产过程中产生的各类运营数据，还有物联网设备从周围环境以及设备自身状态收集来的信息等，都属于数据资产的范畴。

那么，以数据资产为核心的新经济究竟是怎样运作的呢？

首先，数据资产会催生一系列全新的产业链。数据资产的拥有者或管理者，通过数据运营赚取经济回报。那些大型互联网平台掌握着海量的用户数据，它们先对这些数据进行脱敏处理，确保用户隐私安全，再将其提供给广告商、市场调研机构之类的企业。如此一来，广告商能够更精准地投放广告，市场调研机构能获取更有价值的信息，而互联网平台则能从中收取相应的数据使用费。专门的数据服务公司也会如雨后春笋般纷纷涌现。这些公司专注于特定领域的数据收集、整理与分析工作,还会协助企业将数据资产整合成各种各样的数据产品和服务,推向市场。

其次,基于数据的金融服务产业链也将迎来发展的黄金时期。金融机构会购买数据产品,以此提升自身的创新能力与风险控制能力。在数据分析与挖掘这个关键环节,会诞生许多专业机构。它们运用先进的技术手段对数据进行剖析,为金融机构的风险评估和产品设计提供有力依据。比如,通过分析客户的消费行为、还款记录等数据,预测客户的信用风险,从而帮助金融机构决定是否发放贷款以及贷款的额度和利率等。

再次,在数据安全与监管方面,同样蕴含着诸多市场机遇。由于数据资产的敏感性和重要性,其安全要求和监管环境相较于普通行业要严格得多。这就促使一大批专注于数据安全防护、合规检测等业务的企业应运而生,它们会帮助数据资产的经营企业保障数据的安全性、完整性与保密性,确保数据的使用和流转符合相关法律法规。

最后,更重要的是,数据资产与传统行业的融合是大势所趋。数据作为一种至关重要的生产要素,正在逐步渗透到各个产业领域,有力地推动着传统产业的数字化转型与升级。以制造业为例,企业可以借助数据分析,精准地优化生产流程,及时发现生产环节中的问题并加以改进,从而提高产品质量、降低生产成本。再看服务业,企业通过深入挖掘用户数据,能够更准确地把握用户的需求和喜好,为用户提供更加个性化、精准化的服务,进而提升自身在市场中的竞争力。

综上所述,不难看出数据资产在未来所涉及的经济体量不容小觑,丝毫不亚于房地产相关行业。对政府而言,其意义更是非同寻常。一方面,现存的高质量数据集中,很大一部分其实是公共数据,不少地方政府在过去的一年里纷纷成立了数据集团，积极探索如何将这些数据转化为财政收入的一部分；另一方面，一旦与数据资产相关的产业链得以建立并完善，必然能够为财政贡献稳定的赋税收入。正因如此，有专家生动形象地将这种新经济发展模式命名为"数租"经济。

（三）新锚下的数字经济，需要量子思维和 Web3.0 的融合

在新货币锚的时代，政府资金有了运筹空间。但这些钱要怎么花才能更高效地助力我们的新经济呢？那就要依靠新质生产力。2024 年 5 月，习近平总书记赴山东考察并在济南主持召开企业和专家座谈会，明确指出"新质生产力的内涵，可以做更多深入探讨。新质生产力，是否就等于新兴产业？传统产业改造升级，也能发展新质生产力。不能光盯着'新三样'，不能大呼隆、一哄而起、一哄而散，一定要因地制宜，各有千秋。"

从这里可以看出，改革的目标指向性已经很明显了。那么，新兴产业与传统行业改造升级有什么共性呢？那就是数据。

未来，我们必然会迈入以数字资产为核心的新市场资源再配置时期。这背后有一个现实的原因是，那些我们期望去支持的创新、科技、芯片、服务等行业的公司，普遍都没有像外贸合同、高额房地产之类的传统抵押物。因此，我们需要建立一套以数字资产为核心的全新金融规则。

数字资产其实有很多种类，像流量资产、知识产权类资产、电子数据资料、业务数据资产等（见图 6-4），但这类新资产一直以来还没办法帮助企业从金融机构那里获得融资支持。

幸运的是，这种状况正在改变。2023 年 8 月 1 日，财政部发布了《企业数据资源相关会计处理暂行规定》，首次从政策层面允许企业将数据业务和产业投资资本化。这一政策不仅极大地影响了相关企业的估值和融资能力，还为它们在直接融资市场中打开了大门。

第六章 数字经济，Web3.0融合量子管理的大未来

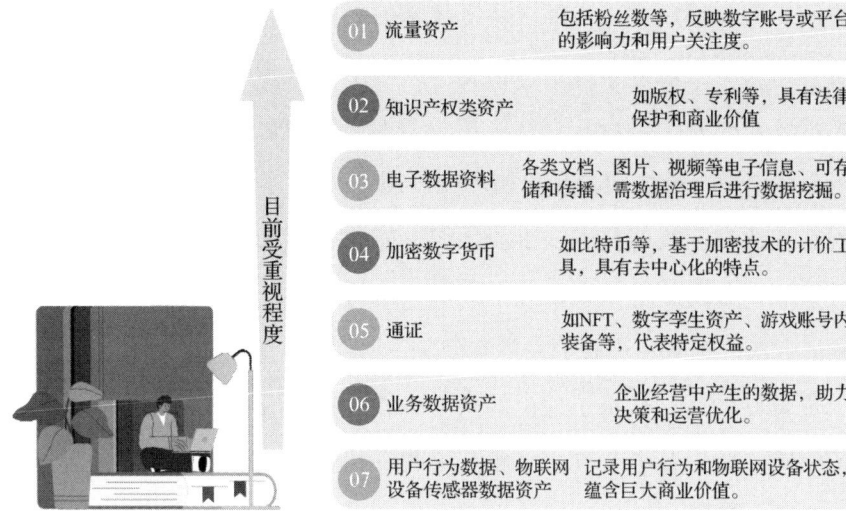

图6-4 数字资产的类型

2023年8月21日，国务院总理李强主持第三次专题学习，明确了数字产业化和产业数字化的发展方向，这也就拉开了数字资产时代的大幕。要注意的是，新基建和2008年的传统基建投资对象完全不一样，它最突出的特点就是为未来的数字经济发展打基础。

要让数字资产成为新的财富逻辑，政策已经在路上，时代正在呼唤！企业若想紧握这稍纵即逝的机遇，就必须果敢地破旧立新，搭建起全新的组织架构，让更多的人参与进来并且能从中受益。因此，量子思维和Web3.0的融合变得极其重要。

因为，数据资产要成为新经济的核心驱动力，一定离不开其背后依托的以区块链技术为代表的Web3.0技术的支持。这虽然是一股新兴的技术力量，却会为我们带来前所未有的机遇和挑战。

从机遇的角度看，以区块链为代表的分布式架构，就像一把神奇的钥匙，有可能打开社会治理和组织管理的全新大门。过去，资源分配往往呈现高度集中化的态势，少数强势群体掌握着大量资源，普通大众发

展空间受限。而现在，借助区块链技术的去中心化特性，我们有机会打破这种格局。在这种架构下，信息和资源不再被少数人垄断，而是更加公平地分布在各个节点。就好比在一个大集市中，以往只有几个大商户有绝对话语权，能决定商品价格和交易规则，普通小商贩只能被动接受。而现在，通过区块链技术，小商贩们也能联合起来，形成一个个平等的交易节点，共同制定规则，分享资源。这将使得普通大众有更多机会获取发展资源，拥有更广阔的发展空间。

更奇妙的是，从量子理论的角度来看，这种分布式的发展模式如同量子纠缠一般，各个节点之间相互关联、相互影响；一个节点的发展进步，会通过量子整体性发展的机制，如同涟漪般扩散开来，最终惠及每一个人。但要真正大规模推广这种"每个人都能发光"的发展模式，就需要有更多的人能换个"看问题的脑子"——也就是得有点"量子思维"。再次为大家回顾一下贯穿本书始终的量子思维是什么？过去咱们看事情，总觉得资源就该集中在"刀刃"上，谁职位高、谁钱财多，就该听谁的（这其实就是集中化思维的老路子）；但量子思维不一样，它为我们指出另一条相辅相成的路径。就像提醒我们关注到漫天飞舞的萤火虫，每个小光点都在发光。这些光不是各照各的，而是互相映照着、缠绕着，彼此呼应，最后连成一片璀璨的星空。量子思维能帮助我们学会从"只盯着少数精英"的老眼光里跳出来，看见每个人身上都有能发光的"亮点"：卖菜的大姐懂街坊的需求，修车的大哥有独门手艺，返乡创业的年轻人能带来新点子——这些看似零散的"光点"，可以通过区块链技术的"串联"，最终形成一张互相借力的大网，让每个人的小本事都能派上大用场。

只有具备这种"量子思维"，我们才能真正看懂：为啥分布式架构不是"把资源打散了随便分"，而是让每个人都成为能自主发光的"节点"；才能打心眼里认同，让普通人有机会、有资源发展，不是"给精英添麻烦"，而是给整个社会攒能量。就像老话说的"众人拾柴火焰高"，量子思维就是让我们看见，每根柴火都有自己的热值，只要摆对了位置，就能一起烧出熊熊的大火。

只有当未来的发展不仅是少数人的独舞，而是每个人都能在自己的位置上发挥聪明才智，知道自己的努力能换来确定的好处，大家才会自觉自愿地为自己、为社会担责任。如此一来，我们便能最终踏上"以人为本"的文明发展道路，让每一个人都能在时代发展的列车上找到自己的座位，享受发展带来的红利。

当然，挑战也如影随形。技术既可以成为推动社会公平进步的利器，也可能沦为资本集中化的帮凶。一旦技术走向与资本类似的集中化发展道路，两者优势互补，那后果将不堪设想。资本的逐利性决定了它会想尽办法为少数群体谋取利益。技术在此时就可能被利用来帮助资本等强势力量，使它们能够更快速、更隐蔽地为少数人攫取资源。

现在有些所谓平台型大公司把流量、资源攥得死死的，小商家怎么宣传、怎么定价都得听平台的，自己根本没有主动权。表面上看少数精英团体赚得盆满钵满，可别忘了：如果老百姓都没了发展机会，赚不到钱，最后连买东西的钱都没有，这些精英的东西卖给谁？就像村里只有地主家有钱，老百姓穷得叮当响，地主的胭脂水粉绫罗绸缎最后只能烂在仓库里——这不是自己断自己的生路吗？这样的发展趋势无疑是可悲的，它违背了社会公平正义的原则，也不利于长远的稳定发展，是一条没有前途的死胡同。即使再厉害的精英也无法躲过资源割裂带来的恶果。

货币锚的迁移，实则是财富航向的深刻转变。数字经济是一片充满无限可能的新大陆，将承载起未来财富的巨轮。展望未来十年，中国企业的财富版图必将在数字资产的雕琢下重新改写。新的商业传奇正等待书写，新一代的商业巨头必将在这片数字沃土中崛起，他们将如同曾经的马云和王健林一般，成为时代的标志性符号，引领商业潮流的奔涌前行。而这一切的起点，便是企业能否重塑适应数字环境的组织架构，能否以敏锐的洞察力和果敢的行动力拥抱变革。

这不仅仅是企业的机遇，更是整个社会迈向数字共荣商业社会的伟大征程。每一次数据的交互、每一个新架构的搭建、每一项数字技术的应用，都是这条道路上坚实的脚印。我们必须认准分布式这种"以人为本"的发展路线，让每个人都有机会、有资源去发展自己，发挥自己的能量，共同承担起追求"真善美"的义务。让更多人把"量子思维"这盏灯点亮，看清楚：只有让每个人都能发光，这个社会才能真正亮堂起来。让我们怀揣着对未来的憧憬与坚定的信念，搭乘数字经济的快车，向着更加繁荣、公平、和谐的数字共荣社会奋勇疾驰，书写属于我们这一代人的辉煌篇章，让数字之光闪耀在社会的每一个角落，照亮我们共同奔赴的美好未来！